LES TROIS DOROTEES OV LE IODELET SOVFFLETE,

COMEDIE.

DE MONSIEVR SCARON.

A PARIS,
Chez TOVSSAINCT QVINET, au Palais, ſous la Montée de la Cour des Aydes.

M. DC. XXXXVIII.

Auec Priuilege du Roy.

Extraict du Priuilege du Roy.

PAR Grace & Priuilege du Roy, donné à Fontainebleau le 17 iour de Septembre 1646. Signé, Par le Roy en son Conseil, LE BRVN: Il est permis à Toussainct Quinet, Marchand Libraire, d'imprimer ou faire imprimer vne Piece de Theatre, intitulée, *Les trois Dorotées, ou le Iodelet Souffleté, Comedie*, durant le temps & espace de cinq ans, à commencer du iour qu'elle sera acheuée d'imprimer: Et defenses sont faites à tous Libraires & Imprimeurs de contre-faire ladite Piece, ny en vendre ou exposer en vente, à peine de trois mil liures d'amende, de tous despens, dommages & interests, ainsi qu'il est plus amplement porté par lesdites Lettres, qui sont en vertu du present Extraict tenuës pour bien & deuëment signifiées, à ce qu'aucun n'en pretende cause d'ignorance.

Les Exemplaires ont esté fournis.

Acheuée d'imprimer pour la premiere fois le 15. Mars 1647.

ACTEVRS

DOM DIEGO GIRON, Fiancé auec Helene, & Amoureux de Lucie.

DOM FELIX DE FONSEQVE, Amoureux de Lucie.

DOM GASPARD DE PADILLE, Fanfaron.

DOM IVAN DE SOLIS, Amoureux d'Helene.

DOM PEDRO D'AVILA.

DOM SANCHE, Oncle de Dorothée.

HELENE, } Filles de D. Pedro d'Auila.
LVCIE, }

GILLETTE, Suiuante de Lucie.

BEATRIS, Suiuante d'Helene.

IODELET, Seruiteur de D. Felix.

D. ALPHONSE, Seruiteur de D. Diego Giron.

LA SCENE EST A TOLEDE.

LES TROIS DOROTEES OV LE IODELET SOVFFLETE.

ACTE I.

SCENE PREMIERE.

DOM FELIX, IODELET.

DOM FELIX.

AH! ie t'étrilleray sur le ventre & par tout ;
Marouffle, tu mets donc ma patience à bout?
Vit-on iamais valet d'vne audace pareille?
Tu me veux conseiller ; & moy ie te conseille

De ne t'ingerer plus à donner des auis,
Qui seront mieux payez, qu'ils ne seront suiuis.

IODELET.

Conseillant bien .....

DOM FELIX.

Poursuy, parle, corrige, cause!
Treuue à redire en moy jusqu'à la moindre chose!
Et tu verras encor si ie frappe bien fort.

IODELET.

Lors que vous me frappez, vous auez toûjours tort;
Et moy toûjours raison, quand ie repren vos fautes.
N'importe, c'est affaire à perdre quelques costes;
Me deußiez vous casser vn bras, voire le cou,
Toutes & quantes fois que vous ferez le fou,
En vray valet d'hõneur, ie pretens vous reprendre.
Faites mieux, payez moi, ie suis prest de vous rendre
Le pompeux vestement que vous m'auez donné,
Où vostre Seigneurie a si bien lezìné,
Qu'auec vn galon vert qu'elle a fait coudre en onde,
Elle estime son train le plus leste du monde.

DOM FELIX.

Dy moy, maistre coquin, qui veux außi railler,
T'ay-je pris pour valet, ou bien pour conseiller?

IODELET.

Vous m'auez pris pour duppe; & trompé par la mine,
Neron qui fit mourir feu sa mere Agripine,
(A ce que m'en ont dit gens qui le sçauent bien,)
Parroissoit estre bon, & si ne valoit rien.
Cela s'adresse à vous, Dom Felix de Fonseque.

D. FELIX.

De la part de Neron, sçache, Monsieur Seneque,
Qu'vn valet qui conseille, au lieu d'estre écouté,
Merite bien souuent de se voir bien frotté,
De mesme que mon bras a tantost sceu bien faire;
Et sçaura bien encor, si tu ne te sçais taire.

IODELET.

Estes-vous resolu de ne receuoir pas
Mes conseils.

D. FELIX.

Oüy sans doute.

IODELET.

Allons tout de ce pas;
Donnez moy de l'argent, & que ie me retire.

D. FELIX.

Quoy, tu veux de l'argent?

IODELET.

Il ne faut point tant rire;
Ie veux estre payé.

D. FELIX.

Ma foy, c'est pour ton nez;
Apres tant de conseils insolemment donnez,
Et que i'ay tous soufferts sans me mettre en colere,
Ie t'apprens que c'est toy qui me dois du salaire.

IODELET.

Ie suis embarassé, si iamais ie le fus!
Seruir sans rien gagner? ou ne conseiller plus?

D. FELIX.

Si ton maudit esprit à conseiller te porte,
Tu n'auras rien de moy de ta vie.

IODELET.

Il n'importe;
A donner des conseils, ie vay bien m'égayer.

D. FELIX.

Et moy pareillement, à ne te point payer.

IODELET.

Mes gages, adieu donc; & vous nostre Prudence,
Fournissez moy toûjours conseils en abondance;
Car i'en ay bien besoin, veu le Maistre que i'ay.
Cà, ie vay commencer.

D. FELIX.

Non, non, tout est changé;
Ne me conseille point, & prens double salaire.

IODELET.

Je me tiens au marché que nous venons de faire;
I'ayme mieux conseiller.

D. FELIX.

Prens ce que tu voudras,
Tout mon bien si tu veux, & ne conseille pas.

IODELET.

Aux dépens de mon bien, aux dépens de mes gages,
Si ie puis, moy pecheur, par conseils bons & sages,
En vous jusques icy qui n'auez valu rien,
Faire voir seulement l'apparence du bien,
Ie seray trop heureux; & iamais autre Maistre
Ne se verra seruy, comme vous l'allez estre.

D. FELIX.

Il y va trop du mien dans ces conditions.

IODELET.

Et du moins laissez moy faire des questions.

D. FELIX.

Bien, fais-en tout ton saoul?

IODELET.

Mon Maistre, à la pareille,
Ne me payez iamais, & que ie vous conseille;
Vous aymez bien l'argent.

D. FELIX.

Ah! c'est trop raisonner.

IODELET.

Bien, bien, n'en parlons plus, ie vay questionner.
D'où vient que tout objet vous deuient vn Idole?
Qu'à la belle, à la laide, à la sage, à la folle,
A jeune, à vieille, à vefue, à femme ayant mary,
A fille à marier, d'vn langage fleury,
Vous allez demandant iour & nuict du remede?
Et que vous a donc fait ce beau sexe à Tolede,

Que vous voulez ainsi l'exterminer par feu?
Et de grace, Seigneur, épargnez-les vn peu;
La fille de dix ans, & la sexaginaire,
(Chose que deuant vous personne n'a veu faire;)
Ont en vous vn Amant qui leur fait les yeux doux;
Et vous leur en voulez, à cause (dittes-vous)
Que l'vne en sçait beaucoup, & l'autre n'en sçait guiere;
Et des rares beautez, & des beautez vulguaires,
Je vois qu'également vous vous sentez feru;
Il faut, (ce que de vous ie n'aurois iamais crû,)
Que vous soyez, sans doute, vn fourbe tres-insigne;
Mais d'vn homme d'honneur, cette vie est indigne.
Et quoy, vous aßiegez iour & nuict des maisons?
Contre la chasteté brassant des trahisons?
Vis à vis d'vn balcon, ou d'vne ialousie,
Vous faites iour & nuict l'homme qui s'extasie?
A l'Eglise, où l'on doit seulement prier Dieu,
Vous n'allez qu'à dessein d'y mettre tout en feu?
Là vos yeux trauaillant à faire famicides,
Tantost sont veus mourans, & de larmes humides;
Tantost jettant le feu comme miroirs ardans,
Vont sur les pauures cœurs, fleches de feu dardans.
Comme on ne blesse pas toujours ce que l'on tire,
Je voy quelques beautez qui ne s'en font que rire.
De celles-là, Monsieur, le nombre est bien plus grand,
Que de celles de qui le cœur à vous se rend;

Et ie voy bien ſouuent que toute l'energie
De ces traicts raffinez de la blanche Magie,
Operent moins pour vous, pauure amoureux tranſi,
Que pour moy qui m'en ris, & bien d'autres auſſi,
Si les reflections qui ſans ceſſe me viennent....

D. FELIX.

Ce faquin dit ſouuent des choſes qui ſurprennent.
Tu deuois ſeulement faire des queſtions,
Et tu me fais icy des Predications.
N'importe, tu m'as pris en humeur de t'apprendre
Pourquoy de tous coſtez ie me laiſſe ainſi prendre.
Eſcoute; Mais ſur tout grande diſcretion.

IODELET.

J'écoute; Mais ſur tout nulle digreſſion;
Ie hay les longs diſcours.

D. FELIX.

Tu te veux faire battre,
Tu t'émancipes trop.

IODELET.

Ie n'en veux rien rabattre;
Ie fais des queſtions, vous me l'auez permis.
Répondez donc, mon Maiſtre, & ſoyons bons amis.

D. FELIX.

D. FELIX.

Cher amy, nous viuons trop à la familiere.

IODELET.

Quand vn valet sert bien, vn valet ne craint guiere:
Songez à me répondre, au lieu de contester?

D. FELIX.

Ie n'y gagnerois rien, il te faut contenter.
Quand tu vois que d'Amour ie soûpire & ie pleure,
Ne croy pas pour cela, cher amy, que i'en meure;
A toutes quelquesfois tu pense que i'en veux,
Au Diable si ie suis de pas-vne amoureux:
Quand i'offre à des beaux yeux mon ame en sacrifice,
C'est moins par paßion que i'ayme, que par vice;
Ie deuiens amoureux, & si ie n'ayme rien;
Lors qu'on me traitte mal, lors qu'on me traitte bien,
En l'vn & l'autre estat, mon feu paroist extréme;
Mais sçay-tu bien pour qui ie brûle? pour moy-mesme.

IODELET.

Pretendez-vous, Monsieur, auoir bien des riuaux?

D. FELIX.

Tay-toy, sot? or sçachant fort bien ce que ie vaux,

Et que l'amour parfait vient de la connoissance;
Ie soustiens que ie fay l'amour par excellence.

IODELET.

C'est fort bien soustenu.

D. FELIX.

Je te vay faire voir,
Que ton Maistre en Amour fait fort bien son deuoir.
Il faut premierement que ta bassesse sçache,
Qu'alors qu'on me refuse, ou bien lors qu'on se fâche;
I'ay le don de pleurer autant que ie le veux;
Ce qui profite plus, qu'arracher des cheueux;
Et principalement quand on aime vne sotte,
Qui croit facilemeut vne homme qui sanglotte.
A la belle, ie dis que ses plus grands appas,
Sont ceux qui sont cachez, & que l'œil ne voit pas;
Que son esprit me plaist bien plus que son visage.
A la laide, ie tiens presqu'vn mesme langage;
J'adjouste seulement, qu'elle a ie ne sçay quoy,
Qui fait que la voyant ie ne suis plus à moy.
Enfin égallement de toutes ie me joue;
De ce qu'elles ont moins, c'est donc plus ie les loue.
Aux sottes, de l'esprit; aux vieilles, de l'humeur;
Aux jeunes, qu'auant l'âge elles ont l'esprit meur;
La grasse se croit maigre, & la maigre charnuë,
Aussi-tost que de nous elle est entretenuë.

Aux petites, ie dis que leur corps est adroit;
Aux grãdes, que leur corps, quoy qu'en voute, est bien droit;
A celle que ie voy d'vne taille bijearre,
Qu'ainsi le Ciel l'a faite, afin d'estre plus rare;
Aux minces, qu'vne Reyne a moins de grauité;
Aux grosses, qu'elles ont beaucoup d'agilité;
Aux propres, que i'admire en eux la nonchalance;
Tout cela sans me faire aucune violence;
Car de plus, i'ay le don de mentir sans remors,
Vertu, que seulement on voit aux esprits forts.

IODELET.

Vous estes donc menteur?

D. FELIX.

Oüy, i'ay l'honneur de l'estre.

IODELET.

Le grand homme de bien, que Monseigneur mon Maistre!

D. FELIX.

Voy tu ne point mentir, est la vertu d'vn sot;
Souuent en retranchant, ou augmentant vn mot,
On se tire aisément d'vne affaire mauuaise.
Enfin, feignant par tout que ie suis tout de braise,
Des vnes, ie suis crû par leurs yeux bien charmé,
Des autres, ie me voy quelquefois bien aimé;

Et moy ie ry bien fort, tres maiſtre de moy-meſme,
De celle qui me hait, & de celle qui m'ayme.

IODELET.

Mais à quoy bon, Monſieur, joüer du doux regard,
Sur celle que l'on ſçait aimer en autre part?
Quand vous voyez deux cœurs bien vnis l'vn à l'autre,
Vous allez auſſi-toſt en tiers offrir le voſtre:
Eſt-ce là l'action d'vn homme bien ſenſé?
C'eſt en vous ce qui m'a le plus embaraſſé;
Car n'eſt-ce pas auoir l'humeur bien enragée,
Que de courir apres vne fille engagée?
De grace, éclairciſſez mon eſprit là-deſſus.

D. FELIX.

Voy-tu, ie ſuis rauy, ſi iamais ie le fus;
Quand vn Amant par moy deuient ame damnée,
Peſte cent fois le iour contre ſa deſtinée,
Qu'il ſe plaint iour & nuict à ſa belle Venus,
Qu'il luy fait iour & nuict mil argumens cornus,
Pour luy faire auoüer par belle Rethorique,
Que ie ſuis depuis peu la mouche qui la pique;
Lors la ſotte luy fait cent ſatisfactions,
Luy dit qu'il eſt l'objet de ſes affections;
Le jaloux s'en contente; & pour prendre reuanche.
Du temps qu'il a perdu luy baiſe la main blanche;

Puis apres la belle Ame, & le parfait Amant,
Se mettent à pleurer tres-idiottement;
Et moy tandis qu'entr'eux la querelle s'appaise,
Je suis le plus souuent dans mon lict à mon aise.

IODELET.

Ie veux que le plaisir soit grand de coquetter;
Mais si cet homme à qui vous en faites taster,
Est de ceux qui tousiours portent dans leurs valises
Des chaussõs, vn grãd gãd, pour quãd on viẽt aus prises,
Vn poignard à coquille, & des fleurets brisez:
Enfin, si cet Amant que vous enjalousez,
Est vn gladiateur, vn homme acariastre,
Qui vienne vn beau matin vous battre comme plastre,
Et pour les males nuicts qu'il croit auoir pour vous,
S'en venge plainement, en vous roüant de coups,
Le jeu vous plaira-t'il?

D. FELIX.

Depuis longues années;
Deux choses à la Cour sont de tous condamnées;
L'vne, ce que tu veux me faire redouter,
Pour des femmes se battre; & l'autre, de porter
De pourpoint boutonné. Mais on frappe à la porte.

IODELET.

Qui Diable (s'il n'est fou) peut frapper de la sorte?

Nous voudroit-on forcer d'ouurir malgré nos dents?

D. FELIX.

Va, va viste, de peur qu'on la mette dedans.

SCENE II.

D. GASPARD, D. FELIX, IODELET.

D. GASPARD.

EST-*il là Dom Felix?*

IODELET.

Luy-mesme.

D. GASPARD.

Ouurez, que i'entre.

IODELET.

Eußiez vous la serrure au beau milieu du ventre:
Voicy quelque fendant, issu d'vn Roy des Gots.

D. GASPARD.

Pourray-je auoir le temps de vous dire deux mots?

D. FELIX.

Quatre, si vous voulez.

D. GASPARD.

Faites qu'il se retire;
Car deuant vn valet, ie ne vous puis rien dire.

D. FELIX.

Ce valet est fidelle, & sçait tous mes secrets.

D. GASPARD.

Vous estes bien-heureux d'en auoir de discrets.
Sçauez-vous bien mon nom?

D. FELIX.

D. Gaspard de Padille.

D. GASPARD.

Sçauez-vous que ie suis d'vne illustre famille?

D. FELIX.

Oüy.

D. GASPARD.

Que ie suis cadet plein d'esprit & de cœur?

D. FELIX.

Fort bien.

D. GASPARD.

Pauure de biens, mais tres-riche d'honneur.

D. FELIX.

On le dit.

D. GASPARD.

Sçauez-vous ce que i'ay fait en Flandre?

D. FELIX.

Non.

D. GASPARD.

Lisez donc l'Histoire, & vous pourrez l'apprendre.
Sçauez vous que sçay mener vn homme à bout;
Quand ie suis offencé, que ie tuë.

D. FELIX.

Est ce tout?

D. GASPARD.

I'ayme depuis six ans vne beauté supréme;
Et vous depuis six mois, vous aymez ce que i'ayme;
Et

Et m'imitez si bien dans mon affection,
Que sans vous dispenser de la moindre action,
De tout ce que ie fay, vous estes la copie;
Vous m'obseruez en tout, par tout vostre œil m'épie;
Et le iour & la nuict ie vous ay sur mes pas,
Quand la beauté que i'ayme, auec tous ses apas,
Pour me fauoriser, se monstre à la fenestre;
I'enrage de vous voir à mon costé parestre.
L'autre iour que ie fus malade de la toux,
Parce qu'il m'arriua de tousser deuant vous,
Aussi-tost sur ma toux si bien vous encheristes,
Que ie vous crûs atteint du mal que vous feignistes;
Et qu'vn catharre enfin de vous me vengeroit,
Lors ce fut entre nous à qui mieux tousseroit;
Vous crûtes que ma toux n'estoit pas sans mystere,
Et vous fistes merueille à me bien contrefaire:
De vous en quereller, i'eusse passé pour fou;
Ie vous laissay tousser tout vostre chien de saou.
Vn iour ie fus tenté (mais i'eusse esté peu sage)
De me donner vn coup de poignard au visage,
Pour voir si vous, Monsieur, qui m'allez imitant,
Seriez assez badin, pour vous en faire autant.
Vous riez quand ie ris, vous pleurez quand ie pleure;
Si ie pense chanter, vous chantez tout à l'heure;
Et soûpirez aussi, quand i'ose soûpirer,
Comme si vous estiez sur le poinct d'expirer.

Quand i'ose regarder la beauté que i'adore,
Ie rencontre außi-tost vostre œil qui la deuore.
Je me fâche à la fin d'estre tant imité;
Gardez bien d'estre außi fâché de mon costé:
Si vous continuez d'estre toûjours mon singe,
En cheuaux, en couleurs, en vestements, en linge,
Enfin en tout ce qui concerne mon amour,
Je suis pour vous joüer vn assez mauuais tour.
Adieu, faites profit de cette remonstrance?

D. FELIX.

Quoy, jusques dãs ma chãbre! ah Dieu, quelle arogãce!
Ah! ie le veux charger, ce maistre fanfaron;
On ne peut l'estre tant, & n'estre pas poltron.

IODELET.

Arrestez-vous, Monsieur? depuis longues années
Deux choses à la Cour sont de tous condamnées,
Pour des femmes se battre; & l'autre, de porter
De pourpoinct boutonné.

D. FELIX.

J'entens encor heurter;
Le braue n'a pas dit tout ce qu'il vouloit dire;
Ouure luy promptement? i'en veux encore rire.

IODELET.

Ah! vrayment le brutal heurte bien autrement;
Mais cettui-cy paroist homme de iugement.

SCENE III.

D. FELIX, D. SANCHE, IODELET.

D. FELIX.

QVoy, Mõsieur, vo⁹ daignez me rẽdre vne visite?
C'est me faire vn hõneur, que i'obtiẽs sãs merite.

D. SANCHE.

C'est moy-mesme, Monsieur, qui reçoy cet honneur.

D. FELIX.

Que desirez-vous donc de vostre seruiteur?

D. SANCHE.

Vous deuez bien sçauoir, Monsieur, ce qui me mene?
Feignant de l'ignorer, vous me mettez en peine.

D. FELIX.

Je ne suis pas Deuin?

D. SANCHE.

Vous sçauez pourtant bien
Ce que vous me deuez?

D. FELIX.

Moy? ie ne vous dois rien.

D. SANCHE.

Vous deuez accomplir par vn juste Hymenée,
La parole autrefois à ma Niepce donnée;
Et bien considerer que le nœud qui vous joint,
Se peut bien relâcher, mais qu'il ne se rompt point.
Ie ne m'étonne point d'vn jeune homme volage;
Mais ie m'étonne fort d'vn second mariage,
Qu'on dit que vous traittez au grand mépris des Loix,
Qui ne permettent pas deux femmes à la fois.
Sçachant bien qui ie suis, vous deuez vous attendre,
(Si vous nous offencez en vn endroit si tendre,)
Qu'vn homme qui toûjours a vescu noblement,
Ne relâchera rien de son ressentiment.

D. FELIX.

Est-ce tout?

D. SANCHE.

C'est assez.

D. FELIX.

Oüy, pour me faire rire.
Mais vous auez beau faire, & vous auez beau dire,

Ie suis trop jeune encor, pour vn joug si pesant;
Que vostre Niepce soit bien sage; & ce faisant,
Quelque somme d'argent pourra la satisfaire;
Mais sur tout prenez garde, elle & vous, à vous taire.

D. SANCHE.

Ie ne donneray pas mon honneur pour si peu.

D. FELIX.

Ie l'acheterois trop, estant vostre Neveu.

D. SANCHE.

Ie sçauray me venger sur vous d'vn tel outrage.

D. FELIX.

Frappez-moy, tuez-moy? mais point de mariage.
Iodelet, sçais-tu bien le beau dessein qu'il a?
Il me veut marier.

IODELET.

Le grand fou que voila!

D. SANCHE.

Vn Maistre me méprise! vn valet m'injurie!
Que n'ay-je de la force au gré de ma furie?

IODELET.

Mon Dieu, qu'il est mauuais!

D. FELIX.

Taisez-vous, Iodelet?

D. SANCHE.

Helas! qu'on dit bien vray, tel Maistre, tel valet.

D. FELIX.

Ah! ie l'ay trop joüé; i'ay peur qu'en sa colere
Il ne fasse rumeur chez mon futur beau-pere.

IODELET.

C'est icy iustement où ie vous attendois.
Vous voulez épouser deux femmes à la fois!
Et quoy, pretendez-vous que cette ieune fille,
Pauure, mais qui pourtant est d'honneste famille,
Apres auoir conceu deux beaux enfans de vous,
S'appaise, en luy faisant seulement les yeux doux?
Et vous souffre épouser par quelqu'autre à sa barbe?
Elle n'en fera rien, Monsieur, par Saincte Barbe:
Puissay-je là-dessus estre mauuais Deuin;
Mais quoy que vous soyez & tres-fourbe & tres-fin,
Vous n'acheuerez point ce tour de passe-passe.

D. FELIX.

L'argent appaiſe tout, & l'argent tout efface.
Ie connois Dorothée, & ſon vieil Oncle auſsi;
Et ſçay que la rumeur qu'il vient de faire icy,
N'eſt que pour quelque argent, dont la ſomme eſt petite,
Que ie luy doy donner, en cas que ie la quitte.
Qu'on luy diſe de moy tout ce que l'on voudra,
Si ie veux dés demain, ie feray qu'elle ira
Parler en ma faueur à ma Maiſtreſſe meſme,
Tant ie ſuis aſſeuré que la Balourde m'ayme.

IODELET.

Elle en a grand ſujet, car vous l'aymez bien-fort.

D. FELIX.

Ie m'accommode au temps, & ie cede au plus fort.
Ie treuue en ma Lucie vn Ange que i'adore,
Un objet qui rauit vn party qui m'honore;
Et déja Iodelet, i'en ſerois poſſeſſeur,
Si certain Courtiſan qu'on deſtine à ſa ſœur,
Eſtoit déja venu; on l'attend d'heure en heure,
Et c'eſt pour mes pechez, ſans doute, qu'il demeure.

Je ferois bien pourtant, pour agir ſeurement,
D'aller voir Dorothée, & là ciuilement
Tâcher de l'appaiſer par de belles paroles.

IODELET.

Vous l'appaiſerez mieux auecque des Piſtoles.

Fin du Premier Acte.

ACTE II.

SCENE PREMIERE.

D. DIEGVE, ALPHONSE.

D. DIEGVE.

Ie ne puis plus loger dans cette Hostellerie,
C'est pis qu'vn Hospital, pis qu'vne gueuserie,
Ie croy que dans l'Enfer on entend moins de bruit,
Et qu'on y passe mieux la plus mauuaise nuit.

ALPHONSE.

Ie suis moins delicat que vous; mais la punaise
M'a pourtant empesché de dormir à mon aise;
Les cousins m'ont piqué, les rats & les souris
M'ont pissé sur le nez, & i'ay veu des Esprits.

D. DIEGVE.

Va-t'en viste sçauoir où Dom Felix demeure?
Ne pense pas tarder plus d'vn demy quart d'heure;

Et me reuiens treuuer.

ALPHONSE.

J'y vay tout de ce pas.
Il aura beau crier, ie ne laisseray pas
De me donner vn peu de vin par la machoire;
Et comment fait-il donc? ie ne le voy point boire:
Moy, si i'auois esté sans boire vn demy iour,
On me verroit bien-tost mourir, non pas d'amour,
Mais plus cruellement, de pure secheresse.

SCENE II.

IODELET, BEATRIS, ALPHONSE.

IODELET.

SI le Ciel t'auoit fait vn peu plus pecheresse,
Que ie serois heureux, t'ayant donné mon cœur!
Car helas, mal-heureux! ie suis vn peu pecheur.
Mais me mordãt plus fort que pouroit mordre vn singe,
En me criant vilain, tu soupis tout mon linge:
Quand ie te veux baiser, tu me mets tout en sang.
Que ne m'as-tu percé d'vn grand couteau le flanc,

Plustost que de m'auoir d'œillade meurtriere
Reduit au triste estat de croire que la biere,
(Qu'on dit estre vn sejour mal sain & catherreux,)
Seroit à moy chetif vn sejour bien-heureux!
Tu sçay que mes tourmens sont tourmens veritables,
Et que ie t'ayme autant que tous les mille Diables.

BEATRIS.

Entendray-je tousiours tes discours d'insensé?
Va te faire penser, si tu te sens blessé?
Je m'en plaindray tantost à D. Felix ton Maistre.

~~IODELET.~~
ALFONSE

Dom Felix? c'est celuy que ie cherche peut-estre:
Je le veux acoster; Monsieur?

IODELET, arrestant Beatris par sa robbe.

Mais à propos....

BEATRIS, se débarassant.

Va, parle à qui te parle? & me laisse en repos.

IODELET.

Peste soit l'importun qui vient troubler la feste?
Que i'aurois grand plaisir à luy rompre la teste!
Mais il me le rendroit.

ALPHONSE.

Ie voudrois bien ſçauoir
Où loge Dom Felix? & quand on le peut voir.

IODELET.

Il loge en ſa maiſon.

ALPHONSE.

En quel lieu?

IODELET.

Dans Tolede.

ALPHONSE.

Ie le croy bien ainſi; mais ie ne puis ſans aide
Treuuer cette maiſon, car ie ſuis étranger.

IODELET.

Moy, ie ſuis vn qui tâche à te faire enrager.

ALPHONSE.

Et quand le peut-on voir?

IODELET.

Alors qu'on le regarde.

ALPHONSE.

Vrayment, vous paroissez d'humeur assez gaillarde.

IODELET.

Ie serois plus gaillard, si vous estiez plus loin.
Si i'osois luy donner deux ou trois coups de poin.

Tandis que Alphonse regarde s'il ne voit personne.

ALPHONSE.

Personne ne nous voit. Il me prend grande enuie,
A ce fat le plus grand que i'ay veu de ma vie,
De donner vn soufflet au beau milieu du front.

Il luy dóne vn soufflet.

IODELET.

Vous auiez donc dessein de me faire vn affront?

ALPHONSE.

Ie m'en rapporte à vous.

IODELET.

Moy? ie n'en veux rien croire,
Pour vostre conscience, & pour ma propre gloire.

ALPHONSE, en s'en allant.

Nous nous verrons encor, mon braue.

IODELET.

Iodelet fait reflexion sur les paroles qu'il a euës auec Alphonse.

Et de bon cœur,
Ne commandez-vous rien à vostre seruiteur.
Et quand le peut-on voir? alors qu'on le regarde.
Vrayment, vous paroissez d'humeur assez gaillarde,
Je serois plus gaillard, si vous estiez plus loin.
Là-dessus il me donne vn fort grand coup de poin.
C'est ainsi, m'est auis, que s'est passé la chose:
Mais auoit-il la main tout ouuerte, ou bien close?
Vn coup de poin est plus honneste qu'vn soufflet:
Ie m'en veux éclaircir? quoy que simple valet,
Ie suis jaloux d'honneur autant ou plus qu'vn autre.
Ie suis vn vray Démon, lors qu'il y va du nostre;
Et lors que d'vn soufflet il m'est venu charger,
Si ce n'est que i'ay veu qu'il estoit étranger,
Ie n'aurois pas tourné la chose en raillerie:
Mais pourtant i'estois prest de me mettre en furie,
S'il eut recommencé; Dieu fait tout pour le mieux;
Ie n'y veux plus penser.

BEATRIS, raillant Iodelet.

Cet homme est serieux,
Et frappe comme vn sourd: Pour moy, ie te conseille,
Puis que si librement il donne sur l'oreille,
De ne viure auec luy qu'auec bien du respect,
De ne railler point, de l'auoir pour suspect;

Alors qu'il sera prest de ta chere personne;
Ma foy, bien brusquement sa main vn soufflet donne,
Et bien paisiblement ta face le reçoit.
Pourquoy le raillois-tu, luy qui te carressoit?
O mon cher Iodelet, au visage de Poque,
Si tu n'auois esté dans tes discours trop rogue,
Ton visage charmant ne seroit pas polu;
Mais tu l'as souhaitté; mais tu l'as bien voulu;
Et moy qui suis pour toy d'amour si mal traittée,
I'ay veu par main d'autruy ta face souffletée.
I'en ay la rage au cœur, i'en ay la larme aux yeux.

IODELET.

Tu ne te tairas pas?

SCENE III.

D. DIEGVE, D. FELIX, IODELET.

D. DIEGVE.

I'En suis tout glorieux;
Et me voir auec vous, & dans vostre memoire,
Est vn bon heur si grand, que ie ne le puis croire.

D. FELIX.

Ie m'acquitteray mal de ce que ie vous dois,
Si ie ne vous embrasse une seconde fois;
Et ie me plains de vous, Dom Diegue, ou ie meure,
D'auoir hors de chez moy choisi vostre demeure;
Mais en vous traittant mal, ie sçauray m'en venger.
Va-t'en viste au logis faire tout arrenger?
Dom Diegue est mon hoste.

IODELET.

En estes-vous bien-aise?

D. FELIX.

Ne pense pas icy dire quelque fadese?

IODELET.

Ie ne dy rien.

D. FELIX.

Escoute?

SCENE IV.

SCENE IV.

D. DIEGVE, ALPHONSE, D. FELIX, BEATRIS.

D. DIEGVE.

Alphonse, approche-toy,
J'ay treuué Dom Felix.

ALPHONSE.

Et i'ay souffleté moy
Son faquin de valet.

D. DIEGVE.

Comment?

ALPHONSE.

Il vouloit rire;
Je l'ay prié cent fois, & cent fois de me dire,
Où loge Dom Felix; il m'a traitté de sot.

D. DIEGVE.

Voy-tu, si Dom Felix m'en dit le moindre mot,

Je veux qu'on le contente, & qu'on le satisface.

ALPHONSE.

Ie pourray bien encor luy retoucher la face.

D. DIEGVE.

Et moy, ie pourray bien, si i'en entens parler,
Aux dépens de ton dos t'apprendre à quereller.
Je ne puis refuser Dom Felix qui me prie;
Retourne vistement à nostre hostellerie
Querir mon équipage, & l'apporte chez luy.

BEATRIS, parlant à D. Felix.

Je vous ay bien cherché Dom Felix aujourd'huy.

D. FELIX.

Et que veux-tu de moy, Beatris?

BEATRIS.

Ma Maistresse
Vous veut entretenir pour affaire qui presse.

D. FELIX.

Et ma belle inhumaine est-elle à la maison?

BEATRIS.

Elle vient à l'instant d'aller à l'Oraison.

D. FELIX.

Elle y va bien en vain, puis qu'alors qu'on la prie,
Au lieu de la flechir, on la met en furie,
Vne plainte l'offence, vn soûpir luy deplaist,
Et toute belle, jeune, & parfaite qu'elle est.

BEATRIS.

Ah! mon Dieu, gardez luy tant de belles Fleurettes.
Quant à moy i'y renonce, & i'en ay les mains nettes:
Je ne veux point oüyr les discours d'amoureux,
Ils sont en bonne foy malins & dangereux;
Je peche assez d'ailleurs, sans pecher par l'oreille.
A propos de pecher, vostre vuide bouteille,
Vostre grand faineant, vostre chien de valet,
Enfin ce mal basti, ce maudit Iodelet,
Depuis deux ou trois jours m'a prise pour vn autre;
Je l'aurois bien frotté, si ce n'est qu'il est vostre.
Il me treuue à son gré, tout ce que i'ay luy plaist;
Mais me plaist-il aussi, le maussade qu'il est?
Il m'en faut bien vn autre, & d'vne autre fabrique;
C'est vn beau marmouset, c'est vn bel as de pique;
Il pense quand la nuict il a Guitarisé,
Que i'en ay tout le iour le cœur martyrisé.
A la fin il verra, si vous n'y donnez ordre,
Que j'égratigne bien, & que ie sçay bien mordre;

Il me va tourmentant de ses affections ;
Il me va proposant des fornications ;
Et pour qui me prend-il ? ah ! par ma foy i'enrage ;
Encore s'il me parloit vn peu de mariage.
Dites luy bien, Monsieur, qu'il ne soit plus si fou.

D. FELIX.

Va, chere Beatris, ie luy rompray le cou.

BEATRIS.

Quelques coups suffiront, & quelque reprimande.

D. FELIX.

Ie l'étrilleray bien.

BEATRIS.

Le bon Dieu vous le rende.

D. FELIX.

Il faut que ie vous quitte, excusez vn Amant.

D. DIEGVE.

Vous reuiendrez bien-tost.

D. FELIX.

Dans vn petit moment.

BEATRIS.

Venez donc vistement, sans tant vous faire attendre,
Ma Maistresse tantost me dira pis que pendre.

SCENE V.

D. DIEGVE, ALPHONSE.

D. DIEGVE.

DOm Felix ne sçait point ce qui m'amene icy,
Car i'ay quelque raison de me cacher ainsy.

ALPHONSE.

Mais il sçaura bien-tost que c'est pour mariage.

D. DIEGVE.

Si ie ne treuue pas mon compte où l'on m'engage,
Si mon Pere a choisi quelque objet odieux,
Quelque Idole doré qui me choque les yeux,
Plustost que d'épouser vn demon domestique,
(Quoy que du procedé le bon homme se pique,)
On me verra bien-tost à Madrid de retour,

ALPHONSE.

Les Peres qui ne font qu'aux richesses l'amour,
Et font tout en faueur de la jaune pistolle,
Ayment mieux vne bru laide, puante & folle,
Auec beaucoup d'escus luisans, pesans & beaux,
Qu'vne que deux beaux yeux, vrais celestes flãbeaux,
Vne vertu parfaite, vne humeur agreable,
Peuuent jusqu'au poil gris rendre objet adorable.
Le Marquis vostre Pere....

SCENE VI

LVCIE, GILLETTE, D. DIEGVE, ALPHONSE.

Lucie paroist sur le Theatre, menée par vn homme, & suiuie de Gillette.

LVCIE.

ET ce chien de cocher?

GILLETTE.

Il ne se treuue point, ie le viens de chercher;
Cet yurongne est sans doute allé boire chopine.

D. DIEGVE.

Alphonse, qu'elle est belle! & qu'elle à bonne mine!

LVCIE.

Et ce coquin me met ainsi sur le paué?

GILLETTE.

Ie n'ay pas eu le temps de dire vn pauure Aué;
Je l'ay cherché cent fois à l'entour de l'Eglise.

D. DIEGVE.

Mon Dieu, si c'estoit là celle qu'on m'a promise,
Que ie serois heureux!

ALPHONSE.

Allez voir, que sçait-on?
Et puis que ce Soleil n'a point de Phaëton,
Allez vous presenter, & la menez chez elle.

D. DIEGVE.

Et toy, tâche à sçauoir le nom de cette belle.

ALPHONSE.

Ie le sçauray bien-tost.

D. DIEGVE.

Tandis que Alphonse entretient l'homme de Lucie.

Madame, vn étranger
Peut-il vous demander, sans se mettre en danger,

D'estre trop temeraire, ou de trop entreprendre,
L'honneur de vous mener, où vous voulez vous rẽdre?
Ie reconnois assez ne le meriter pas;
Nous vous en conjurons par vos diuins apas;
Et mes desirs & moy, qui sur vous ayant veuë,
De mille attraits charmans, comme vn Ange pourueuë,
Resolu de mourir esclaue de vos yeux,
Qui seront desormais mes Maistres & mes Dieux.

LVCIE.

J'accepterois, Monsieur, la faueur presentée,
Si ie croyois l'auoir tant soit peu meritée;
Et pour cette raison, i'ose vous auertir,
Que vous estes vn peu trop prompt à vous offrir.

D. DIEGVE.

J'ay tort, ie le confesse; & cet offre est petite,
A la considerer selon vostre merite:
Mais qui peut vous offrir ce que vous meritez?
Et vous faire icy bas des liberalitez?
A vous, en qui le Ciel superbement assemble
Les plus riches Tresors qu'on puisse voir ensemble,
Vne mine celeste, vn esprit sans pareil,
Vn adorable corps aussi beau qu'vn Soleil?
Madrid, ne faites plus gloire de vos coquettes?
Tolede seulement a des beautez parfaites;

Et

Et ie treuue à Tolede, & dés le premier iour,
Ce que ie n'ay iamais pû voir en vostre Cour.

LVCIE.

A ces riches discours qui pourroient me confondre,
Il me faudroit beaucoup de temps pour y répondre.
A Tolede, on n'a pas l'esprit assez present;
Vous vous donnez à moy, c'est vn riche present,
Dont vous deuez, M^r, vous rendre vn peu plus chiche.
Ie ne veux point de vous, car ie serois trop riche:
Et vous qui vous donnez si temerairement,
Sçachez que vous seriez traitté cruellement,
Et que vous ne sçauez pas bien ce que vous faites?

D. DIEGVE.

Ie sçay ce que ie fais, ie sçay ce que vous estes;
Que ie suis bien blessé, que ie suis en prison,
Que ie suis plein d'amour, que ie suis sans raison;
Ie sçay bien que ie suis vn Amant temeraire,
Que personne icy bas n'est digne de vous plaire;
Ie sçay qu'en vous voyant, ie treuue dans vos yeux
Vn plaisir approchant de la gloire des Cieux:
Mais helas! ie ne sçay si cette gloire offerte,
Doit estre mon salut, ou doit estre ma perte.

LVCIE.

Et moy ie sçay fort bien qu'vn homme de la Cour,
Feint fort facilement qu'il va mourir d'Amour.

GILLETTE.

I'ay treuué le Cocher, il estoit à la place.

LVCIE.

Ha! vrayment ce coquin merite qu'on le chasse.

GILLETTE.

Ce sera fort bien fait, car ce n'est qu'vn vaut-rien.

LVCIE.

Cupidon vous aßiste, & vous fasse du bien.
Adieu mon Caualier.

D. DIEGVE.

Adieu; qu'elle est aymable!
Et que ie suis, Alphonse, vn Amant miserable,
Si celle que ie viens en ces lieux épouser,
N'est pas celle beauté qui vient de m'embraser.

ALPHONSE.

Et que donnerez-vous pour ce bon-heur extréme?

D. DIEGVE.

Ie donne tout mon bien, ie me donne moy-méme.

ALPHONSE.

Réjoüissez-vous donc, car le Pere qu'elle a,
S'appelle (m'a-t'on dit) Dom Pedro d'Auila.

D. DIEGVE.

Est-il poßible, Alphonse? & son nom est Helene.

ALPHONSE.

Pour cela, ie l'ignore.

D. DIEGVE.

Ah! tu me mets en peine;
Cette beauté sera peut-estre quelque sœur,
Et cependant, Alphonse, elle regne en mon cœur;
Et de telle façon, que si ce n'est point elle,
Pour estre bon Amant, ie seray Fils rebelle;
Ses beaux yeux dessus moy tout à coup éclatans,
M'ont ébloüy, blessé, conquis en mesme temps;
Elle n'a dessus moy decoché qu'vne œillade,
Et ie m'en meurs, Alphonse, au moins i'en suis malade,
D'vn mal si dangereux, que ie serois marry,
Dût-il causer ma mort, si i'en estois guery.

Adorable Beauté, pourquoy vous ay-je veuë,
Si ie n'auray de vous seulement que la veuë?
Helas! vous auoir veuë, & ne vous auoir pas,
C'est bien asseurément auoir veu son trépas!
Que ie te treuue froid dans ton morne silence!
Prens pitié de mon mal, & de sa violence;
Tiens moy quelques discours qui puissent m'alleger;
Car ne me dire rien, c'est me faire enrager.
As-tu iamais rien veu qui soit approchant d'elle?
Dis moy, seray-je heureux? sera-t'elle cruelle?
As-tu veu dans ses yeux reluire quelque espoir?
Ne la verray-je plus? la pourray-je encor voir?
Tu ne me répons rien!

ALPHONSE.

Que vous pourrois-je dire?
Ie n'ay rien là dessus à faire qu'à m'en rire,
Si vous le permettez; car à-t'on iamais veu
Vn homme comme vous d'entendement pourueu,
Voir, parler, saluer, aymer presque mesme heure?
Injurier la mort, qui trop long-temps demeure?
Exaggerer ses maux en termes desolez?
Et cela sans sçauoir à qui vous en voulez.
Cependant vous sçauez que vostre mariage.....

D. DIEGVE.

Tais-toy? me voyant fou, tu veux faire le sage:

Ie ne veux pas sçauoir si i'ay tort ou raison;
Ie ne veux que sçauoir si tu sçais sa maison;
Ie suis atteint d'vn mal que le remede empire;
Ie vois bien le meilleur, mais ie choisis le pire.
Sçache, si ie fais mal, que ie le sçais fort bien;
Suis donc mes sentimens, & ne me dis plus rien.
Sçais-tu bien sa maison?

ALPHONSE.

C'est dans la grande Place.

D. DIEGVE.

Bon, Dom Felix y loge; il faut que ie t'embrasse:
Voy-tu bien mon habit?

ALPHONSE.

Fort bien.

D. DIEGVE.

Il est à toy.

ALPHONSE.

Oüy, mais vous l'vserez deuant qu'il soit sur moy.

D. DIEGVE.

Ie te le donneray dés demain, ou ie meure.
Mene-moy donc bien viste où mon Ange demeure;

Afin qu'à ses genoux i'aille luy confirmer,
Que ie n'ay pû la voir, sans aussi-tost l'aimer:
Mais helas! i'ay bien peur que quelque sœur moins belle
Ne me vienne tantost receuoir au lieu d'elle.
Mais certes, si ie suis mal-heureux à ce poinct,
Dom Diego Giron ne se mariera point.

Fin du Second Acte.

ACTE III.

SCENE PREMIERE.

IODELET seul.

L'Honneur, ô Iodelet, est vn tresor bien cher !
Il faut, ô Iodelet, aujourd'huy bien chercher
Celuy qui t'a fait niche auec tant d'audace,
Et d'vne seule main couuert toute ta face !
Temeraire étranger, où te cacheras-tu?
Qui te peut dérober à Jodelet battu?
Jodelet, vn Demon irreconciliable,
Alors que l'on luy fait quelque affront reprochable !
Encor si coup de poin estoit le coup donné !
Mais las ! c'est vn soufflet, & des mieux assené ;
Et Beatris l'a veu, Beatris la coquette,
Qui l'aura publié bien mieux qu'vne trompette.
Mais tous ceux qui sçauront que ie suis outragé,
Sçauront en peu de temps que ie suis bien vengé.

Alphonse est derriere qui l'écoute

Si ie te puis treuuer, étranger temeraire,
Escoute en peu de mots ce que ie te veux faire?
Ie te veux....

SCENE II.

ALPHONSE, IODELET.

ALPHONSE, le surprenant.

QVoy?

IODELET.

Ho, ho, cher amy, c'est donc vous?
Je viens de preparer vne chambre chez nous
Au Seigneur Dom Diegue; au reste, nostre frere,
Nous vous obligerons par nostre bonne chere
A faire plus de cas du pauure Iodelet.

ALPHONSE.

Ie suis au desespoir de ce maudit soufflet;
Mais aussi vous deuiez en charité me dire....

IODELET.

IODELET.

Mon Dieu, n'en parlons plus, ce n'estoit que pour rire.
Quant à moy, des amis ie veux tout endurer.

ALPHONSE.

Voila mon Maistre, adieu.

IODELET.

Ma foy, sans diferer,
Je deuois luy donner vn peu sur les oreilles;
Nous estions seul à seul, auec armes pareilles.
Foin, la pitié me prend toûjours mal à propos;
Je veux estre cruel, & luy casser les os;
Et que dés aujourd'huy, par ce cartel il sçache,
Que ie me sçay venger, alors que l'on me fâche.
Je le treuueray bien.

SCENE III

D. DIEGVE, ALPHONSE.

D. DIEGVE.

ALphonse, ie suis mort.
Vrayment, i'auois raison de me hâter si fort:

Enfin i'ay veu celuy qui sera mon beau-pere,
C'est à dire si i'ay la beauté que i'espere,
Si Lucie est à moy; car pour sa grande sœur,
Je seray seulement son humble seruiteur;
Autrement ie rompray le traitté comme vn verre,
Dût mon Pere éclatter sur moy comme vn tonnerre.
Escoute en peu de mots comme tout s'est passé.
Ie suis entré chez luy, comme vn homme incensé;
Et sans considerer beau-pere ny personne,
Sans dire qui ie suis, dont vn chacun s'étonne,
J'ay d'abord debuté par ce beau compliment.
Madame, vous voyez vn bien-heureux Amant,
Qui maudissoit tantost sa dure destinée,
Ne sçachant pas à qui vous estiez destinée;
Mais qui depuis qu'il sçait que vous estes pour luy,
Se tient le plus heureux des Amans d'aujourd'huy.
Alors sans luy donner le temps de me répondre,
Le beau-pere fâcheux est venu me confondre;
Car apres m'auoir pris bras dessus, bras dessous,
Et dit plus de cent fois, comment vous portez-vous?
Et qu'il estoit heureux de m'auoir pour son gendre:
Vous venez, m'a-t'il dit, Monsieur, de vous méprẽdre;
Ma cadette n'est pas celle que vous aurez,
La vostre est son aisnée, en qui vous treuuerez,
Outre qu'elle est aisnée, & plus belle, & plus sage,
Cent mille beaux escus qu'elle aura dauantage.

Là dessus cette sœur s'est offerte à mes yeux,
Qui n'ont point encor veu d'objet plus ennuyeux,
Non qu'elle ne puisse estre aimable au gré d'vn autre,
Mais elle ne le peut estre iamais au nostre.
De cela, ie ne puis te dire la raison,
Elle m'eut plû peut-estre en vne autre saison;
Elle a fait deuant moy, pour tâcher de me plaire,
Tout ce qu'elle sçauoit, mais elle auoit beau faire;
Elle a fait dessus moy merueille de tirer;
Tous ces coups ont blanchy, tant i'ay sceu bien parer;
Tandis que sa cadette, auec cent traits de flâme,
N'en a tiré pas-vn qui ne m'ait percé l'ame.
I'ay pourtant reconnu, qu'elle a beaucoup d'esprit;
Mais moy sans luy répondre, enrageant de dépit,
Et confus, si iamais ie le fus de ma vie;
De voir quelle beauté m'alloit estre rauie;
Les yeux sur ma Lucie, elle les yeux sur moy,
I'ay pris congé d'eux tous en fort grand desarroy,
Feignant d'estre attaqué d'vne grande migraine.
Alphonse voy par là combien ie suis en peine,
Tourmenté de l'amour, & de l'auersion;
Et n'esperant plus rien qu'en quelque inuention,
Qui détourne de moy ce fâcheux mariage.
Alphonse, c'est icy qu'il faudra faire rage;
Que sans considerer ce que l'on en dira,
Et qu'auec Dom Felix cecy me broüillera,

A qui, comme tu sçais, Lucie est destinée;
Il faut pour empescher ce maudit Himenée,
Tromper Pere, Parens, Espouse, Amis;
Aussi bien pour regner tous crimes sont permis;
Et moy ie me tiendray, si i'obtiens cette Fille,
Plus grand Roy que celuy qui regne en la Castille.
Mais voicy Dom Felix, finissons ce discours.
Et bien cher Dom Felix, comment vont vos amours?

SCENE IV.

D. FELIX, D. DIEGVE, ALPHONSE.

D. FELIX.

ELles vont, cher amy, mesme train que les vostres.

D. DIEGVE.

On vous a donc apris tout le secret des nostres?

D. FELIX.

Et que nous épousons deux sœurs en mesme iour,
Qu'on appelle à bon droict deux miracles d'amour.

Dieux! que i'éprouuerois la Fortune prospere,
Mon plus fidelle amy deuenant mon beau frere,
Si ie ne me voyois cruellement traitté,
Par ce diuin objet dont ie suis enchanté!
Nostre fortune icy déuroit estre semblable;
Mais vous estes heureux, & ie suis miserable;
Et quoy que nous deuions épouser les deux sœurs,
Nous ne gousterons pas de pareilles douceurs.
Vous treuuez vn esprit en la parfaite Helene,
A ne donner iamais au vostre aucune peine.
Dans celuy de sa sœur, violent & leger,
I'en rencontre vn tres-propre à me faire enrager.
On n'attendoit que vous pour nostre mariage;
Ie me croyois au port, à couuert de l'orage;
Mais depuis quatre jours il s'en est éleué
Vn, dont ie ne suis pas encor si bien sauué,
Que ie n'en aye encor l'esprit rempli de crainte.
I'ay serui quelque temps sans reserue & sans feinte,
(Deuant que ma Lucie eut enuahy mon cœur,)
Vne fille de qui la complaisante humeur,
La beauté de la taille, & celle du visage,
M'ont fait perdre quasi le nom d'Amant volage:
Mais tous ces grands apas se rencontrans sans bien,
Et n'estant pas vn homme à me donner pour rien,
Ma Lucie aisément m'a fait estre infidelle.
Depuis peu, ma jalouse en ayant eu nouuelle,

En publiant par tout qu'elle est grosse de moy,
Et que ie ne puis plus disposer de ma foy;
Elle a fait si beau bruit, que ma bellle Lucie
Veut estre là dessus pleinement éclaircie.
Deux mille escus promis ont fait cesser les bruits,
Pour lesquels i'ay passé de tres-mauuaises nuits;
Mais pourtant la cruelle est encore à se rendre;
Et c'est ce que tantost m'estoit venu apprendre
Vne femme en secret, quand ie vous ay quitté.
Vous m'auez pardonné cette inciuilité;
Car vous sçauez assez qu'vn homme quand il aime,
Est esclaue, & n'est plus le maistre de soy mesme.
Cet auis n'estoit pas pour estre negligé,
Me venant d'vne main qui m'a tant obligé,
De vostre chere Helene, vne fille obligeante,
Autant que quelquefois sa sœur est outrageante;
D'vn esprit orgueilleux, d'vn esprit contestant;
Mais auec ses defauts, que i'adore pourtant.
Ah Dieu! si la douceur estoit communicable,
Si sa sœur la rendoit d'vn esprit plus traittable,
Que ie serois heureux! & que vous le serez
Auec cette beauté que vous épouserez!
Il n'en fut iamais vne aussi sage en Tolede;
C'est d'elle qu'en mon mal i'espere du remede;
Et d'elle que i'ay sceu, cher amy, que c'est vous,
Que depuis si long-temps elle attend pour Espoux.

Au reste, sa vertu cede à vostre merite;
Quand on parle de vous, elle est toute interdite.

D. DIEGVE.

Ne me cajollez point d'vn si beau coup de trait,
Car ie n'y visois pas alors que ie l'ay fait.

D. FELIX.

Quoy? vous repentez-vous d'vne telle conqueste?

D. DIEGVE.

Pour moy le mariage est vne triste feste;
Et ie serois fâché de voir pour nostre amour,
Perir vne pauurette, & dés le premier iour.
Ie suis icy venu pour en faire vne femme,
Et non pour luy porter le desordre dans l'ame.
C'est vous, quand vous aimez, qui mettez tout en feu.

D. FELIX.

Lucie, & ses dédains, le témoignent bien peu.

D. DIEGVE.

Puis que vous l'épousez, vous l'auez bien éprise.

D. FELIX.

I'ay peur l'auoir couruë, & qu'vn autre l'ait prise;

Car aujourd'hui sa sœur m'a dit qu'asseurément
Quelque chose pour moy la change étrangement;
Et que bien à regret ce superbe courage,
(Qui ne veut point d'vn bien qu'vn autre lui partage)
Se resout à la fin de m'admettre en son cœur;
Mais à condition que son pere & sa sœur
Sçauront la verité de cette Dorothée.
Voicy l'heure tantost entre nous arrestée,
Que ie dois faire voir à Pedro d'Auila
Cette Fille, & de plus certain Oncle qu'elle a,
Qui l'a toûjours nourrie, & qui lui sert de pere:
Il est necessiteux; & parce qu'il espere,
Que s'il me rend content, ie le regalerai,
Cet homme ne dira que ce que ie voudrai;
Encor que Gentil-homme, il a l'ame venale;
A lui toute action qui profite, est loyale;
Et sans son auarice, asseurément ie croi,
Que sa Niepce eut bien pû se defendre de moi.
Voila, mon cher ami, l'estat de mon affaire,
Où i'ay d'abord treuué le vent asseZ contraire;
Mais i'espere bien-tost, dans vn port asseuré,
Partager auec vous vn tresor desiré.
Cependant vostre esprit, dont ie connois l'adresse,
Peut, s'il veut, adoucir celui de ma tigresse;
Lors que vous la verrez, tâchez de l'obliger
A ne se plaire plus à me faire enrager.

Allons

Allons-y de ce pas; außi bien vostre Helene,
(Qui s'inquiete fort pour certaine migraine,)
Qui vous a pris chez eux, m'a prié mille fois
De vous y remener, lors que ie vous verrois.
Ne faites pas languir plus long-temps vne Amante,
Qui témoigne pour vous vne ardeur violente.

D. DIEGVE.

Allons, ie suis à vous dans vn petit moment.
Alphonse, va querir mes lettres promptement?
Et songe à....

ALPHONSE.

I'entens bien.

D. FELIX.

I'apperçoy ce me semble
Nostre futur beau-pere, & ses Filles ensemble.
Allons les receuoir, ils viennent droit à nous.

SCENE V.

D. PEDRO, D. FELIX, HELENE, D. DIEGVE, LVCIE.

D. PEDRO.

. Pedro t de sa aison auec s filles.

BOn jour, mes chers Enfãs, ie m'en allois chez vous;
Voicy l'heure tantost entre nous arrestée;
Vous plaist-il pas aller chez cette Dorothée?

D. FELIX.

Monsieur, quelque enuieux, infame, & sans honneur,
(Pour me priuer du bien dont dépend mon bon-heur)
A fait courir ces bruits contre ma renommée.

D. PEDRO.

Ie vay toûjours deuant: Vous, & ma Fille aisnée,
Me suiurez en carosse; estant comme ie suis,
Goutteux sur mes vieux jours, ie marche quãd ie puis.
Quoy que vieil animal, ie ne suis pas si rosse,
Que ie ne puisse bien me passer de carosse.
Vous autres jeunes gens, si vous auiez marché,
Vous croiriez contre vous auoir fait vn peché.

Auec mon ſeul baſton, ie vay fort à mon aiſe;
Il me ſert de cheual, de caroſſe, & de chaiſe.
Monſieur, nous ne ferons qu'aller & reuenir; Parlant à D. Diego
Vous aurez cependant, pour vous entretenir,
Cette fripponne là, ma cadette Lucie.

HELENE.

Il eſt plus à propos qu'il ſoit de la partie.

D. DIEGVE.

Vous me diſpenſerez, nous auons elle & moy
Quelque choſe à vuider.

HELENE.

Elle & vous! & pourquoy?
Ie ne vous puis ſouffrir ainſi ſeul auec elle.

LVCIE.

Quoy, jalouſe de moy? la fantaiſie eſt belle!
Et d'où vous vient, ma ſœur, cette gentille humeur?

HELENE.

De la voſtre, coquette.

LVCIE.

Ho, ho, ma bonne ſœur,

Vous me voulez du mal!

HELENE.

Et vous, dont ie m'étonne;
Vous voulez trop de bien à certaine personne.

LVCIE.

Si ie luy veux du bien, vous en étonnez vous?
Dois-je haïr celuy qui sera vostre Espoux?

HELENE.

Deuez-vous essayer qu'il deuienne le vostre?

LVCIE.

Ie ne cours pas ainsi sur le marché d'vn autre;
Et puis ie connois bien que i'y perdrois mes pas.
Vous le courez trop fort, pour ne l'attraper pas.

HELENE.

Vous ne fustes iamais qu'indiscrette & picquante.

LVCIE.

Ie ne seray iamais que vostre humble seruante.

HELENE.

Vous deuriez donc auoir pour moy plus de respect.

LVCIE.

Monsieur vous déuroit donc estre vn peu moins suspect.

HELENE.

Ie crains vn Courtisan, autant qu'vne coquette.

LVCIE.

Ne craignez rien, ma sœur, d'vne pauure cadette;
Monsieur a trop d'esprit pour vous manquer de foy;
Vous, & cent mil escus, vallent bien mieux que moy.

HELENE.

Ie ne puis donc à moins vous estre comparable.

LVCIE.

Vous dites vray, ma sœur, ie suis toute adorable;
Et si vous ne prenez bien garde à vostre Amant,
Ie vous le rauiray d'vn regard seulement.

HELENE.

Vous le voudriez bien, si vous le pouuiez faire;
Mais vos discours picquants cõmencent à me déplaire.
Vous viendrez auec nous, Monsieur, si vous m'aimez,
Ou bien tous mes soupçons seront trop confirmez.

D. DIEGVE.

Ie vous veux obeïr; mais ce soupçon m'offence;
Et Dom Felix sçait bien quelle est mon innocence.

HELENE.

Dom Felix, vous auez icy mesme interest.

D. FELIX.

Ah! Madame, ie sçay la chose comme elle est.
Le Seigneur Dom Diegue est vn autre moy mesme;
S'il a voulu parler à la beauté que i'ayme,
Qui depuis ces faux bruits qui m'ont assaßiné,
Me fait souffrir des maux comme en souffre vn damné,
Ce n'est qu'en ma faueur, ce n'est qu'à ma priere;
Il connoist la rigueur de cette beauté fiere;
Il sçait que depuis peu son mal-heureux Amant,
(Qui se tiendroit heureux d'vn regard seulement,)
Reduit au desespoir de la voir si cruelle,
A quasi fait dessein de mourir deuant elle.

LVCIE.

Vous seriez Dom Felix vn peu trop inhumain,
Je ne merite pas vn si beau coup de main.
Si vous vouliez pourtant faire cette proüesse,
Moy, qui n'ay point encor veu d'homme qui se blesse,

Vous ne me verriez plus douter de vostre foy;
Mais nous perdrions trop, & Dorothée & moy;
Et Meßieurs vos Enfans demeureroient sans Pere.

D. FELIX.

Dois-je mourir d'Amour pour qui me desespere?

LVCIE.

Dois-je mourir d'Amour d[illegible]ant que sçauoir bien
Si Dorothée est sage, & vous homme de bien?

HELENE.

Ah! Seigneur Dom Felix, c'est se rompre la teste;
Vous ne connoissez pas cette meschante beste:
Si vous vous arrestez à ce qu'elle dira,
Mon pauure Dom Felix, l'esprit vous tournera.
Apprenez qu'aujourd'huy son Demon la possede;
Et quãd ce mal luy prend, qu'il n'est point dans Tolede
D'homme assez patient pour ne pas enrager.

LVCIE.

Laissez-moy donc icy pour fuir ce danger,
Et courrez vistement où Dom Felix vous meine;
Mon Pere vous attend, que vous mettez en peine:
Allez, ma cher sœur, allez verifier,
Si ce beau Gentil-homme est beau à marier.

HELENE.

Ce n'est pas tant pour vous que ie prends cette peine,
Que pour luy.

LVCIE.

Mais plûtost, ma bonne sœur Helene,
Ce n'est pas tant pour luy, ny pour moy, que pour vous,
Que vous desirez tant de le voir mon Espoux.
Mais vous ne songez pas que vous faites attendre
Mon Pere.

HELENE.

Et ce carosse?

D. FELIX.

Il nous doit venir prendre
Au détour de la ruë.

HELENE.

Allons-y vistement.

D. FELIX.

Adieu, belle inhumaine!

LVCIE.

Adieu, parfait Amant!

LVCIE.

LVCIE, seule.

Nous voyons bien pourquoy, Madame la Ialouse,
Vous souhaittez si fort que Dom Felix m'épouse;
C'est pour vous asseurer vostre futur Espoux,
Dont vous voyez les vœux ne s'adresser qu'à nous.
Ah! ie ne voy que trop par son morne silence,
Qu'à vous voir seulement, il se fait violence;
Au lieu, que par ses yeux attachez sur les miens,
Ie voy qu'asseurément il est dans mes liens.
Mais helas! il me tient d'vne étrainte aussi forte;
S'il m'aime auec excez, ie l'aime de la sorte:
Mais s'il n'est pas à moy, personne ne m'aura;
Mon Pere là-dessus fasse ce qu'il pourra,
Dom Felix là-dessus atteste Ciel & Terre,
Et ma Sœur auec eux me dénonce la guerre,
Si ie n'ay Dom Diegue à la barbe d'eux tous,
Ie veux bien n'épouser iamais qu'vn vieil jaloux.
Gillette? Haussant la voix.

SCENE VI.

GILLETTE, LVCIE.

GILLETTE.

ME voicy, Madame.

LVCIE.

Escoute, i'aime,
Et pour te dire vray, i'aime plus que moi-mesme,
Ce ieune Caualier qu'on destine à ma sœur,
Et ie me trompe fort, ou ie regne en son cœur.
Au premier carrefour va loüer vne chaise:
Mais de cecy, Gillette, il faut que tu te taise;
Tout mon bon heur dépend aujourd'huy du secret
Et des inuentions de ton esprit discret.
Cours apres Dom Diegue, il est auec Helene;
Et que ton bel esprit adroittement le mene
Deuant les Jacobins, où ie me treuueray:
Déguise bien ta voix.

GILLETTE.

Le mieux que ie pourray.

LVCIE.

Va donc querir mon voile, & te caches d'vn autre?

GILLETTE.

Si vous changiez de robbe, on connoistra la vostre.

LVCIE.

Ma chaise empeschera qu'on ne la puisse voir;
Et le bon Dom Pedro, comme tu peux sçauoir,
Au dela de son nez ne voit rien sans lunettes;
Il aura grand besoin d'en auoir de bien nettes,
Pour voir clair dans l'affaire où ie le vay broüiller
Auecque Dom Felix: Allons nous habiller;
J'ay des Lettres à prendre au fond de ma cassette;
Vien viste me l'ouurir, ma fidelle Gillette.

Fin du Troisiéme Acte.

ACTE IV.

SCENE PREMIERE.

GILLETTE, LVCIE.

GILLETTE.

EN déguisant ma voix, corrompant mon lãgage,
Et m'acquittãt enfin fort bien du personnage,
I'ay tres-adroitemẽt, mais non sãs quelq; peur,
Accosté Dom Diegue auprés de vostre sœur;
Et puis ie l'ay conduit où vous deuiez vous rendre.
Ce qui s'en est suiuy, vous pouuez me l'apprendre.

LVCIE.

Ah! Gillette, mon cœur, que tout est bien allé!
Et que i'ay doctement à mon Pere parlé!
I'auois honte pourtant, bien aßise à mon aise,
De le souffrir debout à costé de ma chaise.

I'ay fait croire au vieillard tout ce que i'ay voulu;
Ie ne me vis iamais l'esprit si resolu.
Il croit asseurément que ie suis Dorothée,
Que celle qu'il a veuë est personne apostée,
Que Dom Felix a fait parler pour de l'argent;
Qu'en cela l'on luy fait vn affront outrageant:
Enfin i'ay fait si bien auec mon beau langage,
Que peut-estre il rompra tantost mon mariage.
Ie l'entendois disant, en se mordant les doigts;
Dom Felix veut auoir deux femmes à la fois!
Et que l'vne des deux soit ma fille Lucie!
Ah! vrayment l'alliance estoit fort bien choisie.
Ah, i'empescheray bien qu'on se mocque de moy,
Impudent, affronteur, sans honneur & sans foy!
Enfin ie l'ay laissé pester tout à son aise,
Et suis viste venuë au grand train de ma chaise
Tout droit au rendez-vous que ie t'auois donné,
Où tres-adroittement tu m'auois amené.
Mais i'apperçoy venir le vieillard qui rumine;
Allons quitter le voile, & faisons bonne mine.

SCENE II

D. PEDRO, seul.

L'On me faisoit fort bien passer pour vn Oyson ;
Et ma Fille Lucie a fort bonne raison,
De n'auoir pas donné la main à la volée ;
Il faut qu'elle ait esté du Ciel bien conseillée !
Et si son mariage on eut precipité,
Le gentil embarras où cela m'eut jetté !
Quoy ? ma fille eut passé pour la seconde femme
Du braue Dom Felix ? peste soit de l'infame ?
Il vouloit donc auoir, (voyez la trahison,)
Vne femme à la ville, & l'autre à la maison.
Ah ! ma fille, approchez, vostre fortune est belle,
Nous deuons au Seigneur vne belle chandelle ;
Et pour remercier vostre Espoux pretendu,
Supplier le bon Dieu, qu'il soit bien-tost pendu.
Vrayment il nous joüoit vn tour de galand homme !
Mais il deuoit auoir sa dispense de Rome.
Au reste gardez vous de le plus regarder,
C'est vn esprit malin dont il se faut garder.

SCENE III.

LVCIE, D. PEDRO.

LVCIE.

QV'auez-vous donc, Mr, qui vous met en colere?

D. PEDRO.

I'ay les ressentimens que doit auoir vn Pere,
Qui pense estre pourueu d'vn gendre homme de bien.

LVCIE.

Quoy, nostre Dom Felix?

D. PEDRO.

Dom Felix ne vaut rien.
Ie suis donc allé voir tantost sa Dorothée,
Que pour vous affronter il auoit apostée;
Elle a joüé son jeu comme il a desiré,
Et l'a joüé si bien, que mesme i'ay pleuré
Quand i'ay veu quelques pleurs couler sur son visage:
Enfin ie croirois bien que cette fille est sage,

Qu'entr'elle & Dom Felix il ne s'est rien passé,
Dont Dieu ny le prochain en puisse estre offensé;
Mais le drôle qu'il est nous donnoit bien le change:
Escoutez ie vous prie vne malice étrange.
Comme ie reuenois de luy fort satisfait,
(Et i'en auois assez de sujet en effet;)
Certaine Dame en chaise, & la face voilée,
M'a dit en peu de mots, d'vne voix desolée;
Monsieur, on vous affronte, aussi bien comme moy;
Et Dom Felix ne peut, sans violer sans foy,
Contracter, moy viuante, vn second mariage;
Deux *Enfans en pourront porter bon témoignage*
Deuant *l'Official, que ie veux implorer.*
Elle s'est là-dessus bien fort mise à pleurer;
Et moy d'autre costé bien fort mis en colere.
Le mal-heureux mestier, que d'estre Pere ou Mere!
Et qu'on est asseuré, quand on a des enfans,
De *ne manquer iamais de soucis bien cuisans!*
Or pour vous acheuer l'histoire commencée,
Cette inuisible, apres mainte larme versée,
Comme ie la quittois, lassé de son caquet,
M'a mis entre les mains ie ne sçay quel pacquet
De *missiues d'amour.*

LVCIE.

Quoy que ma sœur en die,
Je n'ay donc pas mal fait de m'estre refroidie,

Et

Et d'auoir attendu la fin de ces bruits-là:
Elle dit que i'ay tort, mais c'est elle qui l'a,
D'auoir fait auec moy trop de la Sœur aisnée,
Et d'auoir trop pressé ce gentil Hymenée.
Le cœur me disoit bien....

ALPHONSE vient à l'étourdie.

Monsieur, ie suis pressé;
Mon Maistre n'a-t'il point tantost icy passé?
I'ay des Lettres pour luy de son Pere; & me semble
Qu'il vous escrit aussi; mais i'ay tout mis ensemble,
Et ne puis débroüiller; ha bon, bon, la voila.
Ie reuiendray tantost pour la réponse.

D. PEDRO.

Hola;
Vous vous trompez amy; mais il ne peut m'entendre;
Iamais les étourdis ne font que se méprendre;
Cette Lettre est de femme, & sent bien son poulet.
Que i'épousterois bien là-dessus vn valet!
Mais ie la veux garder, attendant qu'il reuienne,
Et sans faire du bruit, luy demander la mienne.

LVCIE.

Ouurez-là, que sçait-on?

D. PEDRO.

Ouurons, ie le veux bien;
Cela nous peut seruir, & ne peut nuire à rien.

LVCIE.

A qui s'adresse-t'elle?

D. PEDRO.

A Dom Diegue *mesme.*

LVCIE.

Sans doute elle sera de quelqu'vne qu'il aime.

D. PEDRO.

Dom Diegue *en cela suit l'ordre de la Cour;*
On n'est pas Courtisan, quand on est sans amour;
Mais sans y recueillir, bien souuent on y seme;
Et sans y mettre à mal toutes celles qu'on aime,
Les sottes seulement fauorisent leurs vœux;
Mais les sages aussi se gardent fort bien d'eux:
Ils soûpirent souuent pour qui leur fait la moüe;
Et de plusieurs Beautez qu'ils coucheront en joüe,
Ils n'en blessent souuent pas-vne, les meschans.
Cependant les maisons, les bois, les prez, les champs,
Se changent bien souuent en de vieux point de Genes;
Les affreux creanciers font sauter les Domaines;

Et puis ces beaux Meßieurs proteſtent ſur leur foy,
Qu'ils ſe ſont ruinez au ſeruice du Roy.
Je ferois là-deſſus vne longue Satyre,
Mais les vieillards, dit-on, ne font rien que médire:
Je ne dy donc plus rien; ça, liſons ce poulet,
Et le recachetons, pour le rendre au valet.

LETTRE.

MOn cher Eſpoux,

Vous auez déja mis quinze jours en vn voyage, pour lequel vous ne m'en auiez demandé que huict: Cela me met en vne extréme peine; Et noſtre petit Ianot qui vous demande, & qui vous cherche depuis le matin juſques au ſoir, ſe deſeſpere de ne voir plus ſon Papa. Reuenez donc viſtement, ſi vous voulez le retreuuer en vie; & ceſſez par voſtre abſence, de faire mourir mille fois le jour voſtre fidelle Dorothée.

D. PEDRO.

Quoy, bons Dieux*! Dorothée à* Dom *Diegue außi!*
Dorothée *à Madrid, &* Dorothée *icy!*
Et Dorothée *en chambre, & Dorothée en chaiſe!*
Et le petit Ianot; qui n'eſt pas à ſon aiſe,

Alors que son Papa n'est pas à la maison!
Et qui Diable feroit pareille trahison?
Beniste soyez vous, Lettre decachetée,
Par qui nous découurons nouuelle Dorothée!
Et benit soyez vous, l'étourdy de valet,
Qui nous auez liuré ce bien-heureux poulet!
Par qui nous découurons que l'vn & l'autre gendre,
N'est bon à marier, mais à roüer ou pendre.

LVCIE.

Mais mon Pere auez vous bien leu?

D. PEDRO.

Si i'ay bien leu!
I'ay leu mille fois mieux que ie n'aurois voulu.

LVCIE.

Ce rencontre des noms est tout à fait bijearre,
Et faut que Dom Diegue ait l'ame bien auare,
Car Dom Felix pour moy peut auoir de l'amour;
Mais cet autre venu depuis peu de la Cour,
Qui n'a pas seulement veu ma Sœur en peinture,
Nous monstre bien qu'il est d'vne auare nature;
Il en vouloit sans doute au bien qu'elle a de plus;
Aussi qui n'aymeroit cent mille beaux escus?

D. PEDRO.

Où Diable ont-ils trouué chacun leur Dorothée?
Est-ce vn nom à la mode, où chose concertée,
Pour se mocquer de moy? Mais bons Dieux les voila!
Qui ne se tromperoit à ces visages-là?

LVCIE tout bas.

Dieux! faut-il que ie l'aime, & qu'il soit infidelle?

SCENE IV.

D. PEDRO, LVCIE, HELENE, D. DIEGVE, D. FELIX, GILLETTE.

D. Diegue, D. Felix, Helene, paroissent sur le Theatre.

D. PEDRO.

VRayment, mes beaux Seigneurs, vous me la baillez belle;
Et si Dieu n'eut fait voir quelles gens vous estiez,
Le gentil passe-temps que vous nous apprestiez!
Vous, Seigneur D. Diegue, allez voir vostre femme;
La pauurette qu'elle est, sans cesse vous reclame;

Et le petit Ianot eſt pour ne viure pas,
Si vous ne retournez viſtement ſur vos pas.
Vous, Seigneur D. Felix, ſçachez que Dorothée,
Deuant l'Official Requeſte a preſentée,
Et que deux beaux Enfans témoignent contre vous?
Vous mes Filles, venez, & me ſuiuez chez nous.

LVCIE faiſant vne reuerence à D. Felix.

Quand ie pourray ſeruir voſtre Polieamie,
Ce ſera de bon cœur.

HELENE.

Ha, Gillette, ma mie,
Qu'eſt-ce qu'à donc mon Pere?

~~D. PEDRO.~~ GILLETTE

Il a juſte raiſon
De remercier Dieu; rentrons dans la maiſon;
Rentrons, dis-je; & laiſſons, s'ils veulent ſe morfondre,
Ces beaus jeunes Seigneurs, que Dieu vueille cõfondre.

D. FELIX.

Ie voudrois bien ſçauoir quelle mouche a piqué
Ce colere vieillard?

D. ~~PEDRO.~~ DIEGVE

Il s'eſt equiuoqué;

Car pourquoy me parler de vostre Dorothee *?*

D. FELIX.

Je sçay bien qui m'aura la charité prestee.
Vn certain Dom *Gaspard qui fait le furieux,*
Qui long-temps deuant moy luy faisoit les doux yeux,
M'a joüé quelque tour. Mais si ie ne m'en venge....

GILLETTE sort du logis, & leur jette deux Lettres.

Meßieurs, voila des Vers faits à vostre loüange, Rentrant chez Dom Pedro.
Lisez les à loisir.

D. DIEGVE.

Ah! ma Gillette, vn mot.

GILEETTE.

Allez plûtost reuoir Dorothee & Janot.

D. DIEGVE.

Dorothee *& Ianot! ma foy ie n'y vois goutte.*

D. FELIX.

Peut-estre ces papiers nous tireront du doute Chacun ramasse vne Lettre.
Où nous met les discours de Pedro d'Auila.
Cette Lettre est pour vous.

D. DIEGVE.

Et de vous celle-là.

D. FELIX.

Oüy, ie sçay bien l'auoir escrite à ma Lucie:
heurte à porte. *Ie veux voir aujourd'huy cette affaire éclaircie;*
Et m'y dût-on tuer, ie veux entrer chez eux.

GILLETE ouurant la porte.

Ha, Meßieurs, qui prenez des femmes deux à deux,
Que faites-vous encor auprès de nostre porte?
On n'a que faire icy des gens de vostre sorte.

D. FELIX, entrant chez D. Pedro.

Je reuiens außi-tost.

D. DIEGVE.

Ie vous attends icy.

SCENE V.

SCENE V.

ALPHONSE, D. DIEGVE.

ALPHONSE arriue aupres de son Maistre.

ET bien le stratageme a-t'il bien reüßy?

D. DIEGVE.

Ie n'en sçay rien encor.

ALPHONSE.

Et le futur beau-pere?

D. DIEGVE.

Il jure, Dom Felix enrage, & moy i'espere.

ALPHONSE.

Et pourquoy, Dom Felix?

D. DIEGVE.

Son cas außi va mal,
Et ie n'ay plus sujet de craindre vn tel riual.

Il déplaist à Lucie ; & moy tout au contraire,
I'ose bien deuant toy me vanter de luy plaire ;
Car enfin mon amy, si tu veux tout sçauoir,
Sans qu'on en sçache rien, nous nous venons de voir.
Cette aßignasion d'elle-mesme est venuë,
Je ne l'ay point par pleurs ny soûpirs obtenuë ;
C'est vn tour raffiné d'amour & de bonté,
D'autant plus obligeant, qu'il ne m'a rien cousté.
Au reste si d'abord i'y treuuay tout aimable,
Elle s'est aujourd'huy fait voir toute adorable ;
Et pourtant ce beau corps qui se fait adorer,
A son diuin Esprit ne se peut comparer.

ALPHONSE.

Si vous vouliez, Monsieur, finir cette Legende,
(Car vous estes en train de la faire bien grande,)
Il vaudroit mieux parler du tour que i'ay joüé,
Dont ie deuois, me semble, estre vn peu plus loüé.
Pouuoit-on mieux vser de cette fausse Lettre ?
Ay-je rien oublié de ce qu'il falloit mettre ?
Le Vieillard a-t'il mal donné dans le panneau ?
Et iamais aurez-vous vn pretexte plus beau,
Pour rompre vostre nopce vn peu precipitée ?

D. DIEGVE.

Comment t'es-tu seruy du nom de Dorothée ?

ALPHONSE.

J'ay pris le premier nom qui s'est offert à moy

D. DIEGVE.

Treuueras-tu mauuais, si courant apres toy,
Pour rendre encore mieux la chose vray-semblable;
D'injures & de coups....

ALPHONSE.

Cela n'est pas faisable.

D. DIEGVE.

Tu ne sçay pas encor?

ALPHONSE.

Je vous entends fort bien,
Vous me voulez frapper, Monsieur.

D. DIEGVE.

Si peu que rien.

ALPHONSE.

Cela n'est point du tout necessaire à la chose;
Et vous pouuez rayer hardiment cette clause,
Qui ne passera point de mon consentement.

D. DIEGVE.

Alphonse, mon mignon, quatre coups seulement.

ALPHONSE.

Ne frappez donc pas fort. Peste, que ie suis traistre!
Ou plûtost vn grand sot, de tant aimer mon Maistre!
Gardez-vous, (ou ma foy ie pourray m'échapper,)
De vous laisser aller à l'ardeur de frapper.
Seruez-vous moins icy d'effets que de paroles;
Et sur tout, n'vsez point sur moy de craquinoles;
Songez que vous allez frapper sur vn Chrestien;
Retenez bien le bras.

D. DIEGVE.

Ah! mon Dieu, ne crains rien.

ALPHONSE.

Et ne pretendez pas en rencontre semblable,
Rendre à force de coups vne chose croyable.

D. DIEGVE.

Dieu, que de temps perdu!

ALPHONSE.

Faut-il crier bien-fort?

D. DIEGVE.

Bien fort.

ALPHONSE.

Hay, hay, hay, hay, à l'aide, ie suis mort.

D. DIEGVE.

Ha traistre!

ALPHONSE.

On m'assassine.

D. DIEGVE.

Ha belistre!

ALPHONSE.

On m'assomme.

D. DIEGVE.

Ha bourreau de valet!

ALPHONSE.

Peste soit fait de l'homme.

D. DIEGVE.

Qu'as-tu donc?

ALPHONSE.

Ce que i'ay? vous frappez comme vn sour.

D. DIEGVE.

Mon Dieu, c'est que ie réue!

ALPHONSE.

Au Diable soit l'Amour.
A la force, au secours.

D. DIEGVE.

Tu mourras tout à l'heure?
Tu change donc ainsi mes Letres? ah! ie meure,
Si ie ne te punis d'vne étrange façon.

SCENE VI.

D. PEDRO, ALPHONSE, D. DIEGVE, LVCIE.

D. PEDRO.

ET que vous a donc fait ce mal-heureux garçon?

ALPHONSE.

Helas! ie n'ay rien fait que broüiller vne Lettre.

D. DIEGVE.

Ie perdray mon credit, ou ie te feray mettre
Bien-toſt ſur vne rouë.

ALPHONSE.

Vn homme ne craint rien
Quand il eſt innocent.

D. DIEGVE en s'en allant.

Ie te treuueray bien.

D. PEDRO.

Il n'en faut plus douter, la choſe eſt toute claire.

ALPHONSE.

Du moins ſi i'en auois receu quelque ſalaire,
Si i'auois ſeulement dequoy m'en retourner.

D. PEDRO.

Va, ne t'afflige point, ie t'en feray donner.
Et vous, que dittes-vous de cet amy ſi braue? Parlant à D. Felix.
Euſſiez vous crû qu'il fut du bien aſſez eſclaue

Iodelet paroist sur le Theatre, & se cache en vn coin.

Pour faire vne action noire jusqu'à ce poinct.
Ie le perdray d'honneur.

LVCIE.

D'honneur? il n'en a point,
Et n'en aura iamais.

D. FELIX.

Ie ne vous puis que dire;
Ie ne l'eusse pas crû.

D. PEDRO en s'en allant.

Allons, allons en rire;
Le peril est passé, rentrons dans la maison.
Pour moy i'excuse tout, fors vne trahison.

D. FELIX.

Mais vous dites, Monsieur, qu'vn autre Dorothée,
(Il faut bien que ce soit quelque bonne effrontée,)
Vous a mis en la main la Lettre que ie tiens?
De laquelle il est vray, le caractere est mien;
Mais ie ne l'ay iamais écrite à pas-vne autre,
Qu'à Madame Lucie.

LVCIE.

Oüy, cette Lettre est nostre;

Et puis que Dom Diegue est vn traistre, vn trompeur,
Ie veux bien confesser qu'il regnoit en mon cœur;
Et que pour empescher mon prochain mariage,
I'ay fait la Dorothée, & fait ce personnage;
Auec vn tel succés, que mon Pere irrité,
Vous a, quoy qu'innocent, vn peu bien mal traitté.
La Lettre vient de vous, c'est moy qui l'ay donnée;
Mais que ne fait-on point, quand on est forcenée?
Ie confesse l'auoir esté pour ce trompeur,
Iusqu'au poinct d'hazarder ma vie & mon honneur;
Mais bien tost vn Conuent, où mon remors me voüe,
Vous doit venger assez d'vn crime que i'auoüe.

D. FELIX.

Tout le mal vient de moy, i'en demande pardon;
Ie suis indigne d'elle.

D. PEDRO.

Ah! vous estes trop bon.
Et vous, vne autre fois soyez mieux conseillée, Parlant à Lucie.
Et profitez d'auoir esté si dereglée.
Pour moy, si i'ay mal fait, i'estois circonuenu;
Mais on guerit bien-tost, quand le mal est connu.

SCENE VII

IODELET seul.

TOY qui viens d'entrer là dedans,
Qui bats les gens malgré leurs dents,
Et m'as frappé sans dire gare,
Sçais-tu ce que ie te prepare?
Ie te dis charitablement,
Si tu le sçais, que nullement
Tu n'aye à passer cette porte,
Car Monseigneur Sathan m'emporte;
Et ie le dis de sens rassis,
Si tu sors, si ie ne t'occis.
I'enrage que ie ne t'étrangle,
Et i'enrage que ie ne sangle
Au trauers de ton chien de nez
Estramaçons bien assenez.
Au reste, tu me peux bien croire,
Ie suis tout seur de la victoire;
Car i'ay fait des prouisions
Pour semblables occasions.
I'ay contre toute emorragie
Pierre de fort grande energie.

Billet contre le coup fourré,
Coup dangereux, s'il n'est paré;
Tous les jours presque ie m'exerce
Et sur la quarte & sur la tierce;
Et prends en mesme temps leçon
Pour & contre l'estramaçon;
Ie suis bien seur dans la parade;
J'ay fait forger vne salade
A l'épreuue du fauconneau,
Dont ie doubleray mon chapeau.
A l'heure mesme on m'accommode,
(Et peut estre en viendra la mode,)
Vne cuirasse à mon pourpoint,
Qui ne paroistra du tout point.
Ce suis nanty d'vne rondache
A l'épreuue du coup de hache;
Et quant à darder le poignard,
I'en fais tout ainsi que d'vn dard.
D'*abord que nous serons en garde,*
Mon espée au corps ie luy darde;
Ie le saisis, & puis aprés,
D'*vn croc en jambe appris exprés,*
Je le renuerseray sur l'herbe;
Où, comme vn fleau fait la gerbe,
Je pretends battre sur sa peau,
Jusqu'à tant que i'en sois en eau.

Cartels par tout i'ay beau répandre;
Il fait semblant de ne m'entendre.
Cependant il en a receu,
Ce n'est pas que ie l'aye sceu;
Mais en ayant fait plus de mille,
Que i'ay semez parmi la Ville,
Il faut bien qu'il en soit venu
Quelqu'vn à ce begue cornu.
Ie pensois, ô noble Aßistance,
Vous regaler de quelque Stance,
Car l'Autheur m'en auoit promis;
Mais dans nostre Roolle il n'a mis
Que quelques Vers faits à la haste;
Bien souuent le papier il gaste,
Et ne fait que des Vers rampans,
Au lieu d'en faire de prinpans.
Mais i'aperçois mon Maistre, il faut que ie vous quite,
Peut-estre vous rendray-je encor vne visite.

SCENE VIII.

D. FELIX, IODELET.

D. FELIX.

VOus auez donc querelle, à ce que l'on m'a dit.

IODELET.

Moy, querelle?

D. FELIX.

Oüy, vous.

IODELET.

Mon Dieu, comme on me dit,
Asseurément, Monsieur, ie n'ay point eu querelle,
Oüy bien vn beau soufflet.

D. FELIX.

La difference est belle!
Et qui vous l'a donné?

IODELET.

Ce n'est qu'vn Fanfaron,
Cet Alphonse qui sert Dom Diegue Giron.

D. FELIX.

Ie veux absolument qu'on se venge, ou qu'on sorte.

IODELET.

I'espere m'en venger, & de la bonne sorte.

D. FELIX.

Et vous l'a-t'il donné bien fort?

IODELET.

Coußi, coußi.

D. FELIX.

Et comment a-t'il fait?

IODELET luy donnant vn soufflet.

Ma foy, Monsieur, ainsi.

D. FELIX.

Si ie prens vn baston.

IODELET.

Le recit veritable
Ne se peut faire mieux, que par vn coup semblable.

D. FELIX.

Vos libertez enfin vous feront mal traitter.

IODELET.

Monsieur, vous sçauez bien que ie ne puis flater.

D. FELIX.

Jodelet, on m'a fait vne piece fâcheuse;
Il faut asseurément que quelque ame enuieuse
Ait fait, pour me priuer de l'objet de mes vœux,
Courir des bruits de moy tres des-auantageux.

IODELET.

Ie vous l'ay toûjours dit, vostre façon de viure,
Tres-bonne à detester, & tres-mauuaise à suiure,
Vous doit perdre à la fin.

D. FELIX.

Ah! ie le connois bien.

IODELET.

Voy-tu i'aime par tout, & si ie n'aime rien;
Et ie me ris souuent, tres-maistre de moy-mesme,
Et de celle qui me hait, & de celle qui m'aime;
Je prends plaisir à faire enrager des riuaux.

Il redit l[es] vers qui sont au cõ[m]mencement

D. FELIX.

Qu'est-ce que tu dis là?

IODELET.

Certains discours moraux,
Que i'ay souuent l'honneur de vous entendre dire.

D. FELIX.

Ah! man Dieu, Iodelet, il n'est pas temps de rire;
Ie ne veux plus songer qu'à finir ces bruits là,
Et me justifier à Pedro d'Auila;
Ie suis las d'en auoir la teste inquietée;
Vien, ie veux t'enuoyer parler à Dorothée.
Dom Diegue *m'a fait vn tour d'homme sans foy,*
Mais il s'est fait du mal autant & plus qu'à moy;
Ie l'estime perdu dans l'esprit de Lucie;
D'*estre mal dans le sien, fort peu ie me soucie.*

IODELET.

I'ay mesme sentiment pour son chien de valet;
Mais ie luy feray voir quel homme est Iodelet;
Mais ie luy feray voir auquel homme il se joüe,
Et si ie suis de ceux que l'on frappe à la joüe.

Fin du Quatriéme Acte.

ACTE V.

ACTE V.

SCENE PREMIERE.

IODELET en chaussons, & prest à se battre.

OVy tout homme vaillant, doit estre pitoyable;
Et i'ay pitié de toy, souffleteur miserable;
Puis que pour le soufflet que tu m'as apliqué,
Tu dois estre de moy mortellement piqué.
C'est la premiere fois qu'il m'auoit, que ie sçache,
L'impertinent qu'il est, donné sur la moustache;
De la façon pourtant qu'il s'en est acquitté,
Ie le tiens en cela tres experimenté.
Ie croy que de sa vie il n'a fait autre chose;
Et nonobstant les maux que telle action cause,
Tout pauure que ie suis, ie luy donnerois bien,
Pour souffleter ainsi, la moitié de mon bien.
Mais n'est-ce pas à l'homme vne grande sottise,
De s'aller battre armé de la seule chemise,

Si tant d'endroits en nous peuuent estre percez,
Par où l'on peut aller parmy les Trépassez?
Le moindre coup au Cœur, est vne seure voye
Pour aller chez les Morts; il est ainsi du Foye;
Le Roignon n'est pas sain, quand il est entr'ouuert;
Le Poulmon n'agit point, quand il est découuert;
Vn Artere coupé, Dieux! ce penser me tuë,
I'aimerois bien autant boire de la Siguë;
Vn œil creué, mon Dieu! que viens-je faire icy?
Que ie suis vn franc sot, de m'hazarder ainsy!
Ie n'aime point la Mort, parce qu'elle est camuse;
Et sans considerer qui la veut ou refuse,
L'indiscrette qu'elle est, grippe, vousit ou non,
Pauure, riche, poltron, vaillant, mauuais & bon.
Mais ie suis trop auant pour reculer arriere;
C'est à faire en tous cas à rendre la Rapiere.
Doncque bien loin de moy la peur & ses glaçons,
Ie veux estre de ceux qu'on dit mauuais Garçons.
Mon Cartel est receu, ie n'en fais point de doute;
Mon homme ne vient point, peut-estre il me redoute.
Helas! plaise au Seigneur, qu'il soit sot à tel poinct,
Qu'il me tienne mauuais, & ne se batte point!
Mais les raisonnemens sont tout à fait friuoles,
Où l'on a plus besoin d'effets que de paroles.
Animons nostre cœur vn peu trop retenu?
Ca, ie pose le cas que mon homme est venu;

Nous auons dégaigné, nous sommes en presence,
Tâchons de luy donner au milieu de la pance.
Bon pied, bon œil; & flisc & flac; tien, c'est pour toy;
Zest, i'ay paré ton coup; courage, il est à moy;
Tu recule poltron? parc cette venuë?
Plus bas, plus bas, coquin? i'ay defendu la veuë;
Hay hay, i'ay l'œil creué; non, ie me suis trompé;
La peste, le grand coup dont ie suis échappé!
Mais tu me payeras la peur que tu m'as faite;
Bon, ce coup là sans doute a percé sa jacquette;
Bon, le voila perdu; bon, me voila sauué;
Car de ce dernier coup son œil droit est creué;
Mais il en faut auoir l'vne & l'autre prunelle.
Que feray-je sans yeux? Tu prendras vne vielle.
Ah! pardon Iodelet; Non, non, il faut mourir;
Ah! de grace pardon; Meurs, sans plus discourir.

il faut reciter ces vers là viste, auec toute l'ardeur & la prestesse d'vn hôme qui se bat.

SCENE II.

ALPHONSE, IODELET.

ALPHONSE surprend Iodelet.

E*T bien le Fanfaron, qui voulez vous qui meure?*

IODELET, tout bas.

Que cet homme maudit ſuruient à la malheure!
Tout haut *Ce n'eſt rien?*

ALPHONSE.

Ce n'eſt rien? Par la mort.

IODELET.

Ha tout beau,
Ce n'eſt rien.

ALPHONSE.

Pourquoy donc l'eſpée hors du fourreau?

IODELET.

Ma foy, ie recitois des vers de Comedie.

ALPHONSE.

Ah! c'eſt trop lanterner, ie veux qu'on me le die.
Contre qui s'eſt battu le grand fou que ie voy?

IODELET.

Contre vn qui s'eſt battu vaillamment, ſur ma foy;
J'eſtime la valeur en mon ennemy meſme.

ALPHONSE.

Vous a-t'il point blessé? que vous estes si blesme.
Suiuant vostre Cartel que i'ay tantost receu,
Ie viens vous contenter.

IODELET.

Quelqu'vn vous a deceu.
Je n'écriuis iamais de ma vie, ou ie meure;
Puis ie ne me bats pas deux fois en vn quart d'heure.

ALPHONSE.

Qu'on lise ce Cartel?

IODELET.

Oüy da ie le liray;
Puis apres, s'il vous plaist, Monsieur, ie m'en iray.

CARTEL.

QVelques médisans disent que vous m'auez donné vn soufflet; ie ne puis croire cela de vostre courtoisie: Mais le moyen de faire taire le peuple, si ce n'est que vostre Seigneurie luy ferme la bouche de sa main liberale, comme on dit qu'elle a fermé la mienne? Mon Maistre m'a dit, qu'il faut pour mon honneur que ie vous donne des coups de baston, ou que i'aye de vostre sang. Ie ne songe pas à vous en donner, parce que i'y treuue quelque dificulté; Et encore qu'à vous tirer du sang, & vous attirer à la campagne, ie treuue aussi quelque chose qui me choque. Ie supplie pourtant vostre Seigneurie de se treuuer vers le soir à la grande Place, & de pardonner la peine que luy donne son humble seruiteur,

IODELET.

ALPHONSE.

Et bien, que dites-vous de ce braue Cartel?

IODELET.

Que benit soit de Dieu, celui qui l'a fait tel.

ALPHONSE.

Il n'est donc pas de vous?

IODELET.

Ah! vous pouuez bien croire,
Que ie n'ay pas pour vous d'intention si noire.

ALPHONSE.

I'ay quelque affaire ailleurs; & si ie n'en auois,
Ie m'acquitterois mieux de ce que ie vous dois;

Ie croy m'en acquitter vn jour en galand homme.
Receuez, cependant cette petite somme, il le bat, & s'en va.
De nazardes, soufflets, coups de pied & de poin.

IODELET.

I'eusse bien attendu, ie n'en ay pas besoin.
Enfin, nous auons donc la Dague dégaignée,
Et nous sommes treuuez en campagne aßignée.
Si ie ne l'eusse fait, qu'est-ce qu'eut dit de moy
Ce Drôle, il en eut fait cent pieces, sur ma foy.
O qu'il est important d'auoir bien du courage!
Et que ie me vay plaire à faire du carnage!
Ie m'en vay deuenir vn vray Couppe-jarret;
On ne me verra plus à la main qu'vn Fleuret.
Mais i'aperçoy quelqu'vn, i'ay peur qu'on ne me voye.

SCENE III

D. FELIX, ALPHONSE, D. PEDRO.

D. FELIX.

F*Aut-il qu'vn tel malheur viêne troubler ma joye?*

D. PEDRO.

Elle est jeune, Monsieur, & ce ne sera rien;
I'en ay souuent autant, & ie m'en gueris bien.

D. FELIX.

Voyant ainsi souffrir ma Deïté visible,
Si ie ne m'affligeois, ie serois insensible.

D. PEDRO.

Ne vous affligez point; ie vous dis tout de bon,
Et foy d'homme d'honneur, que tantost sourde ou non,
Que sa douleur augmente, ou bien qu'elle finisse,
Ie veux absolument que l'Hymen s'accomplisse;
Et d'inclination aussi bien que d'honneur,
Ie m'y treuue engagé.

D. FELIX.

Helas! tout mon bon-heur
Dépend de son amour, mon mal-heur de sa haine;
C'est m'éleuer au Trône, au sortir de sa chaine.

D. PEDRO parlant à Alphonse qui paroist sur le Theatre.

Vous voila donc encor, ie vous croyois party.

ALPHONSE.

Je m'en vais à la Cour chercher quelque party;

Mais

Mais vn de mes amis à demeurer m'engage,
En me faisant treuuer vn Mulet de loüage.

D. PEDRO.

Et le bon Dom Diegue est-il encore icy?
Est-il allé tirer sa femme de soucy?

ALPHONSE.

Il est party tantost; & i'apporte vne Lettre,
Qu'en passant par la Poste on me vient de remettre;
Elle s'adresse à vous; vous la verrez, Monsieur.
Ne commandez vous rien à vostre seruiteur.

D. PEDRO.

Amy, Dieu te conduise, & te donne vn bon Maistre.
Or ça, voyons vn peu la Lettre de ce traistre,
De ce faux Dom Diegue; ô l'insigne imposteur!
Et que n'auroit trompé ce visage menteur?

LETTRE.

MOn cher Espoux,

Sçachant que D. Felix de Fonseque est vostre amy, Ie vous écris à la hâte qu'on a executé icy des faux Monnoyeurs, qui l'ont accusé d'estre leur complice. Auertissez-le qu'vn Exempt est party auec ordre de le prendre en quelque lieu qu'il soit, & reuenez voir promptement vostre fidelle DOROTHEE.

O

D. PEDRO.

Et quoy, vous trauaillez en moderne Medaille?
Vrayment ie fais grand cas d'vn homme qui trauaille;
Multiplier ainsi les armes de son Roy,
C'est pour estre bien-tost dans quelque bon employ.

D. FELIX.

Que me dittes-vous là? ie n'y puis rien comprendre.

D. PEDRO.

Lisez, lisez, Monsieur, autre fourbe de Gendre.
Ma foy i'estois pourueu de Gendre richement;
Le bon Dieu nous aßiste, & bien visiblement;
Et ces deux Lettres sont vn fort bon témoignage,
Qu'il a jetté les yeux sur mon petit ménage.

xpendãt e D. Fe- lit la ettre.

D. FELIX.

Monsieur, ie veux sçauoir d'où cette Lettre vient?
Et l'on me fait grand tort, Monsieur, qu'on ne retient
Le fourbe qui vous vient d'apporter cette Lettre.

D. PEDRO.

Vrayment, il est bien loin.

D. FELIX.

Je le veux faire mettre

Au fonds d'vne priſon, tant qu'il ait confeſſé,
Qui m'a ſi méchamment en l'honneur offenſé.

D. PEDRO.

Que veut ce Caualier?

SCENE IV.

D. IVAN, D. PEDRO, D. FELIX, HELENE, GILLETTE.

D. IVAN.

MEßieurs, c'eſt auec peine,
(Mais il faut obeïr à la Loy ſouueraine)
Que ie viens arreſter par ordre de la Cour
Le Seigneur Dom Felix, par force, ou par amour.

D. FELIX.

Par force, ou par amour? ny par l'vn, ny par l'autre;
Vous aurez de mon ſang, ou bien i'auray du voſtre.

D. IVAN.

N'obeïr pas au Roy, c'est se perdre à credit;
Ie vous prens à témoin, Meßieurs.

D. FELIX.

C'est fort bien dit;
Ie defens mon honneur, toy defens bien ta vie.

D. PEDRO.

I'ay bien peur que l'Hymen deuienne Tragedie;
Je veux aller apres.

HELENE.

Mon Pere, qu'est cecy?

D. PEDRO.

J'y vais voir.

HELENE.

Beatris suy moy, i'y vais außi.

GILLETTE.

Et moy ie vais conter à Madame Lucie
Tout ce broüillaminis.

SCENE V.

D. DIEGVE, ALPHONSE.

D. DIEGVE.

OVy, cela me ſoucie;
Et ſi ce ſtratageme eſt par eux éuenté,
Ie ne me vis iamais à telle extremité.

ALPHONSE.

Monſieur, tout ira bien.

D. DIEGVE.

Frappe viſte à la porte,
Et tâche d'obtenir que i'entre, ou qu'elle ſorte;
Il faux que ie luy parle, à quel prix que ce ſoit. Alphonſe entre.
O Dieu! les rudes coups que mon ame reçoit!
Ie dois aujourd'huy perdre ou gagner ma Maiſtreſſe;
Nous venons de tenter le dernier coup d'adreſſe;
Et ſi ce coup me manque, à quoy plus recourir,
Aymant comme ie fais, ſi ce n'eſt à mourir?
Mais mon Ange paroiſt, vn ſi charmant viſage
Ne peut eſtre iamais qu'vn bien-heureux preſage;
Alphonſe l'entretient du beau tour qu'il a fait;
Il faut luy donner temps de l'apprendre,

SCENÉ VI

LVCIE, ALPHONSE, D. DIEGVE.

LVCIE.

En effet,
Il me fait grand pitié. Dans la Ville où nous sommes,
On ne treuuera pas deux si dangereux hommes,
Que vostre Maistre & vous.

ALPHONSE.

Vous l'estes plus que nous;
Car nous ne faisons rien, que pour l'amour de vous.

LVCIE.

Et cette Lettre estoit encor de Dorothée?

ALPHONSE.

Et de ma mesme main écrite & presentée.
Enfin donc nostre Exempt hardy comme vn Lyon,
Est entré, Dom Felix a fait rebellion;
L'Exempt apres son coup a regagné la ruë;
Dom Felix furieux comme vn cheual qui ruë,

L'a suiuy chamaillant; nostre Exempt s'est sauué,
Qui sera bien cherché, deuant qu'estre treuué.

LVCIE.

O Dieu! qu'on va parler de moy d'étrange sorte!
Mais si nostre dessein reüßit, que m'importe?

D. DIEGVE.

Ah! mon Ange, est-ce vous qui venez m'éclairer?
Que dois-je deuenir? dois-je encore esperer?

LVCIE.

Vostre peine est petite, à l'égal de la mienne;
Je sçay bien moins que vous ce qu'il faut que deuienne
Une Fille insensée, & qui fait tant pour vous,
Qu'elle trahit vn Pere, vne Sœur, vn Espoux.

D. DIEGVE.

Apres tant de bonté, tout ce que ie puis faire,
C'est de vous adorer, mon bel Ange, & me taire.

LVCIE.

Enfin vous dépendans de l'amour & du sort,
Serez-vous à ma Sœur?

D. DIEGVE.

Ah! plustost à la mort.

LVCIE.

Seray-je à Dom Felix?

D. DIEGVE.

Tant que i'auray de vie,
Vous ne me serez point par vn mortel rauie.

LVCIE.

Et moy ie vous promets, si ie ne suis à vous,
Qu'aucun homme viuant ne sera mon Espoux;
Car enfin Dom Diegue, il est vray, ie vous aime;
Si vous m'aimez bien fort, ie vous aime de mesme:
Ie déurois témoigner plus de confusion,
En vous faisant icy cette confession,
Que vous pouuez treuuer étrange en vne Fille;
Mais lors qu'à quelque sotte vn homme de Cour brille,
C'est auec tel effet, & si cruellement,
Que la pauurette en perd souuent le jugement.
I'en suis, ô Dom Diegue, vn assez bel exemple,
Puis que ie feins d'auoir les douleurs dans la temple,
D'estre tout à fait sourde, & qu'on me croit chez nous
Vne folle, & cela tout pour l'amour de vous.

D. DIEGVE.

Dieu! comment raillez vous, ayant encor à craindre?
Mais quels sõt dõc ces maux que vo⁹ venez de feindre?

LVCIE.

LVCIE.

I'ay contrefait la sourde auec vn tel effet,
Que i'en ay reculé mon Hymen trop tost fait:
Mais ie n'y voy plus goutte en ce peril extréme;
Et ma Sœur qui me hait autant qu'elle vous aime,
Dit que mon mal de teste est vn mal inuenté,
Et que mon plus grand mal est ma meschanceté.
Mon Pere qui ne sçait à qui croire, en enrage;
Dom Felix qui me croit bien malade, fait rage;
De plaindre son mal-heur, d'vne mourante voix,
Ie me rirois d'eux tous tout mon saoul, si i'osois;
Mais nous sommes encor assez loin du riuage,
Pour respecter les vents, & craindre le naufrage.

D. DIEGVE.

Nous gagnerons le port, si nous auons du cœur;
Des perils les plus grands, le courage est vainqueur;
On vient à bout de tout, alors qu'on s'éuertuë;
Qui tremble, est le premier le plus souuent qu'on tuë.

LVCIE.

Et bien qu'inferez vous de ces prouerbes-là?

D. DIEGVE.

Qu'il faut ou découurir à Pedro d'Auila,

Que nous nous entr'aimons ; ou bien, sans qu'il le sçache,
Et sans considerer s'il l'agrée, ou s'en fâche,
Que tout presentement vous me donniez la main,
Et que ie vous enleue à ce soir ou demain.

LVCIE.

lle luy onne la ain.

Vous estes importun ; Tenez ie vous la donne ;
Et quant à m'enleuer, faites, ie m'abandonne ;
Ie n'ay plus rien sur moy, ie vous ay tout donné.

D. DIEGVE.

Ce iour cy de mes iours est le plus fortuné !

GILLETTE.

Et mon Dieu, songez bien à faire bonne mine.
Le bonne homme reuient.

LVCIE.

S'il euente la mine ;
Nous n'auons qu'à monter à cheual cette nuit,
Et nous sauuer sans craindre, & sans faire du bruit.
Gillette, viens m'aider à faire la malade.

SCENE VIII.

D. PEDRO, D. DIEGVE, D. IVAN, LVCIE, BEATRIS, HELENE, GILLETTE.

D. PEDRO.

IE ne me trompe point, quand ie me persuade
Que l'Exempt est vn fourbe, & Dom Felix aussi,
Puis que tous ses desseins ont fort mal reüssi;
Dieu permet quelquefois que le meschant prospere,
Mais augmente toûjours la peine qu'il difere.
Ho ho, que faites-vous icy dans ma maison?
Y venez-vous brasser nouuelle trahison?

D. DIEGVE.

Je vous diray, Monsieur, le sujet qui m'ameine.
Sçachant que Dom Felix se treuuoit bien en peine,
Ie reuiens pour seruir mon amy, si ie puis,
Et pour me faire voir à tous tel que ie suis.
Oüy, si vous m'écoutez comme Iuge equitable,
Vous ne me croirez plus de trahison capable;
Mais vn pauure Amoureux, qui n'a rien tant à cœur,
Que se voir vostre Gendre, & vostre seruiteur.

D. PEDRO.

Mon Gendre? & que diroit Madame Dorothée?

D. DIEGVE.

Alors qu'on vous aura la chose bien contée,
Et que vous verrez clair dans mon intention,
Le pouuoir qu'a sur nous nostre inclination,
Asseurément, Monsieur, sera toute ma faute.
Mais deuant dittes-moy nouuelles de mon hoste,
I'en suis inquieté; car on m'a dit, Monsieur,
Qu'il estoit accusé d'estre faux Monnoyeur,
Et deuant qu'il ait pû se sauuer par la fuitte;
Qu'vn Exempt est venu sans Archers ny sans suitte
L'arrester.

D. PEDRO.

En cela ie voy ie ne sçay quoy
Qui sent beaucoup la fourbe, & peu l'ordre du Roy.
Quand il est question de faire la capture
D'vn homme atteint d'vn cas de pareille nature,
Les Exempts ne vont point, s'ils ne sont bien suiuis.
Et ce qui me confirme encor, en mon auis,
C'est que ce Maistre Exempt, aprés la chose faite,
A tres-habilement délogé sans trompette,
Tandis que Dom Felix estoit embarassé.
Dans la foule du peuple à l'entour amassé.

Là dessus vn certain Dom Gaspard de Padille,
Qui fait depuis long-temps les yeux doux à ma Fille,
Le raille hors de saison; Dom Felix à l'instant
Met la main à l'espée, & l'autre en fait autant;
Le blesse dans vn bras, luy fait choir son espée,
Et luy met à ses pieds vne oreille coupée;
Dom Felix tout sanglant tombe sur le paué;
Dom Gaspard à l'instant s'est vistement sauué.
Mais ce n'est pas encor sa derniere infortune,
Le Ciel sur le meschant n'en verse pas pour vne.
Vn Archer du Preuost le regardant de pres,
(En vertu d'vn decret qu'il m'a fait voir apres)
Le saisit au collet: c'estoit sa Dorothée,
Qu'il croyoit par argent auoir bien contentée;
Et qu'vn Oncle depuis jaloux de son honneur,
Auoit fait reuolter contre ce suborneur.
Tout cecy s'est passé comme vn vray feu de paille;
Vn moment a veu naistre & finir la bataille;
Dom Felix est tombé dans tous ces accidens,
En vn demi quart d'heure, & mesme en moins de tẽps.

D. DIEGVE.

Il est donc en prison?

D. PEDRO.

Et de si bonne sorte,
Qu'il faudra qu'il l'épouse auparauant qu'il sorte:

Elle a bonne promesse, outre deux beaux enfans,
Dont le plus vieil, dit-on, n'a pas plus de deux ans.
Mais c'est là nostre Exempt, ou bien ie n'y vois goute;
Puis qu'il vous rit au nez, ie ne suis plus en doute,
Qu'en ce que Dom Felix a souffert aujourd'huy,
Vous n'ayez pour le moins autant de part que luy.

.Iuan de ...lis pa... ...ist.

D. DIEGVE.

Monsieur, il n'est plus temps de vous cacher la chose;
Du mal qu'a Dom Felix, vous seul estes la cause.

D. PEDRO.

Moy la cause?

D. DIEGVE.

Oüy vous, mais fort innocemment,
Au lieu que Dom Felix souffre bien justement.
Car enfin Dom Felix est fourbe tres-insigne,
Et de vostre alliance vn homme tres-indigne.
Quand vous serez instruit de ses déportemens,
Vous me direz alors s'il est vray que ie ments;
Et me confesserez, qu'épousant vostre Fille,
Il estoit pour troubler toute vostre famille;
Et c'est ce qui m'a fait, ie le confesse bien,
Rompre son mariage, & reculer le mien.
Ne me parlez donc plus ny de la Dorothée,
Ny du petit Ianot, cette histoire inuentée?

Et l'vne & l'autre Lettre est vne inuention
Qui vous doit faire voir ma bonne intention,
Bien mieux que les desseins interessez d'vn traistre,
Comme on a crû les miens, deuant que les connoistre;
Et receuez, Monsieur, pour ce Gendre perdu,
Dom Juan de Solis, qui s'est icy rendu,
Afin de vous offrir son humble obeïssance,
Et receuoir l'honneur d'estre en vostre alliance.
Le titre de Marquis l'honore comme moy;
Et le nom de Solis est si connû de soy,
Qu'en vertu de ce nom tout seul il peut pretendre
Aux plus riches partis.

D. PEDRO.

Refuser vn tel Gendre,
Et d'accepter aussi sans y bien regarder,
C'est acheuer bien-tost, mais c'est bien hazarder.

D. DIEGVE.

L'on peut gagner Madrid en petites journées,
Où l'on peut aisément finir nos Hymenées
Chez le Marquis mon Pere, encor mieux que chez vous,
Puis que là vous pourrez vous informer de nous.

D. PEDRO.

Ce n'est pas mal parlé.

D. IVAN.

Le bon-heur où i'aspire,
(Que ie prefererois à l'honneur d'vn Empire)
Est vn bien d'vn tel prix, qu'on ne le doit donner
A ceux que l'on n'a pas le temps d'examiner.

D. PEDRO.

Il ne reste donc plus qu'à guerir ma Lucie;
Vrayment son accident tout de bon me soucie.

D. IVAN.

Qu'a-t'elle donc?

D. PEDRO.

Elle est sourde depuis hier
Si fort, qu'en luy parlant il faut toûjours crier.

D. IVAN.

Le Ciel en luy donnant les qualitez d'vn Ange,
Comment l'a-t'il soûmise à ce malheur étrange?
Et comment pense-t'il que sans impieté
On puisse voir souffrir vne telle Beauté?

D. PEDRO.

N'irritons point le Ciel, qu'il ne nous en punisse;
Ma Fille guerira, s'il faut qu'elle guerisse.

Et bien que dittes-vous de ce nouuel Espoux? Haussant la voix.

LVCIE faisant semblant de ne l'entendre.

Il n'est pas à propos de me tâter le poux,
Bon si i'auois la fievre.

D. PEDRO.

Elle est tout à fait sourde.

LVCIE.

Je sens certaine humeur aussi froide que lourde
Qui me tombe en l'oreille, auec mille douleurs.

D. PEDRO.

Je suis pere, excusez si ie verse des pleurs.
Ma Fille? Haussant la voix.

LVCIE faisant vn cry perçant, qui fait tressaillir tout le monde.

Haye, haye, haye, haye.

D. PEDRO.

Peste, comme elle crie,
I'en ay tout tressailly.

LVCIE.

Moins de bruit, ie vous prie;

Ie ressens dans l'oreille vn si cruel tourment,
Que ie ne pense pas pouuoir viure vn moment.

BEATRIS.

Vous dormez bien souuent la teste découuerte,
Et vous plaisez d'auoir quelque fenestre ouuerte.
C'est d'où vient vostre mal.

GILLETTE.

Béatris a raison;
Mais ie sçay pour son mal une belle Oraison:
Elle vient d'vn Cousin qui fut homme d'Eglise;
Qui l'apprit à mon Oncle; & qui l'ayant apprise,
En fit part à ma Mere: elle qui sçauoit tout,
En me la recitant souuent de bout en bout,
Me la fit à la fin entrer dans la memoire;
Mais il faudra jeusner sans manger & sans boire
Le jour qu'on la dira, puis cacher dans son lit
Quatre brins de fougere.

D. PEDRO.

Et bien as-tu tout dit?
Si ie prens vn baston, Madame l'idiotte,
Ie te feray bien taire; au Diable soit la sotte.
I'en aurois pourtant ry dans vne autre saison.

Lucie en soufrit, & se cache d'vn linge.

HELENE.

Vous en riez ma Sœur, sans doute l'Oraison
Aura fait son effet.

LVCIE.

Mon Dieu, venez moy prendre,
I'entre en conuulsion.

HELENE.

Ce qu'elle veut entendre,
Elle l'entend fort bien; & vous l'allez bien voir.
Ma Sœur, mon mariage est en vostre pouuoir;
Mon Pere ne veut pas qu'on fasse l'vn sans l'autre;
Pour acheuer le mien, consentez donc au vostre.
Ne m'entendez vous pas? Haussant la voix.

LVCIE.

C'est pour auoir esté
Tous les jours au serain, tant qu'a duré l'Esté.

HELENE.

Ie ne dis pas cela?

LVCIE.

Que faut-il que ie fasse?

HELENE.

Ce braue Caualier ſe preſente en la place
Du meſchant Dom Felix, donnez luy donc la main?

D. PEDRO.

Il eſt plein de merite.

D. DIEGVE.

Et mon couſin germain.

LVCIE.

Hay hay, ie n'en puis plus, ma douleur ſe réueille;
Tous les élancemens que ie ſens dans l'oreille
Se viennent d'augmenter.

HELENE.

Ma Sœur, gueriſſez-vous,
Mon Pere le veux bien, vous aurez pour Eſpoux
Le Seigneur Dom Diegue.

LVCIE.

En verité.

HELENE.

Moy-méme
Ie vous le cederay, car ie ſçay qu'il vous aime.

LVCIE.

Vous me le cederez.

HELENE.

Oüy, ie vous le promets.

LVCIE.

Ie ne suis donc plus sourde, & ne le fus iamais.

D. PEDRO.

Dieu soit loüé, la fourbe est enfin découuerte.

HELENE.

Et bien ne suis-je pas à guerir tres-experte?

D. DIEGVE se mettant à genoux auec Lucie.

Vous pouuez bien, Mõsieur, nous rendre malheureux;
Mais vous pouuez aussi par vn trait genereux
Suspendre les effets d'vne juste colere,
En faueur des bontez que doit auoir vn Pere.
Ie n'aime que Lucie, elle n'aime que moy;
Nous nous sommes donnez l'vn & l'autre la foy;
Et nous sommes, Monsieur, si bien vnis ensemble,
Qu'on nous fera mourir, si on nous des-assemble.

LVCIE.

Pour moy, si ie n'obtiens l'Espoux que ie pretens,
Ie redeuiendray sourde, & sourde pour long-temps.

HELENE.

Mon Pere, voulez-vous que l'affront m'en demeure?

LVCIE.

Mon Pere, voulez-vous à l'instant que ie meure?

D. PEDRO.

Vous me causez icy d'étranges passions,
Mais pourtant ie defere aux inclinations;
Puis qu'il aime Lucie au mépris de l'aisnée,
Il faut bien que le Ciel ait la chose ordonnée;
Et que la passion qui le moins me reuient,
Si Auarice s'entend, n'est pas ce qui le tient.

D. DIEGVE.

Receuant mon Cousin, Mademoiselle Helene
Gagne aussi bien que luy; car outre que sa haine
M'est justement acquise, ayant si mal vsé
Du bien qu'elle m'offroit, & que i'ay refusé,
En richesse, en credit, en esprit, & courage,
Je confesse qu'il a sur moy grand auantage.

HELENE.

Monſieur eſt tres-aimable, & ie vous en croy bien;
Mais vous paroiſſiez tel, & vous ne valliez rien.

D. IVAN.

Ne m'attribuez rien digne de cette belle,
Qu'vn amour violent dont ie brûle pour elle.

D. PEDRO.

Ie paſſerois pourtant pour vn ſot bien aiſé,
Si ie m'adouciſſois, eſtant ſi mépriſé.
Dois-je donc châtier ſa deſobeïſſance?
Ou dois-je deferer à l'humaine impuiſſance?

LVCIE.

Ah! mon Pere, pardon.

D. DIEGVE.

Prenez pitié de nous,
De deux pauures Amans, qui ſont à vos genoux.

D. IVAN.

Ne m'accuſez vous point d'eſperance trop vaine,
De demander leur grace, & voſtre Fille Helene?

D. PEDRO.

Et bien que dittes-vous, ma Fille, là dessus?

HELENE.

Deuant vous ie n'ay point de choix ny de refus;
I'espere que ma Sœur, & son cher infidelle,
Me vengeront l'vn l'autre, elle de luy, luy d'elle;
Et ie pense, acceptant le party presenté,
Que ie reçoy bien plus, qu'on ne m'auoit osté.

D. PEDRO.

Qu'on tienne donc demain toute chose apprestée?
Tandis que Dom Felix contre sa Dorothée
Deuant l'Official se defendra, s'il peut,
Nous irons à Madrid, puis qu'ainsi Dieu le veut;
Et là gaillardement mettre fin à nos Nopces.
Je vay pour cet effet arrester deux Carosses.

FIN.

A LA REYNE.

REYNE, dont la compaßion [bles,
Me rend depuis trois ans mes malheurs suporta-
Faites-moy mettre aux Incurables,
Ou faites-moy bien-tost payer ma Pension.

Pour seruir Vostre Majesté,
Ie fais ce que ie puis pour estre bien Malade;
Ie mangeray poiure & salade,
Si vous treuuez encore que i'aye trop de santé.

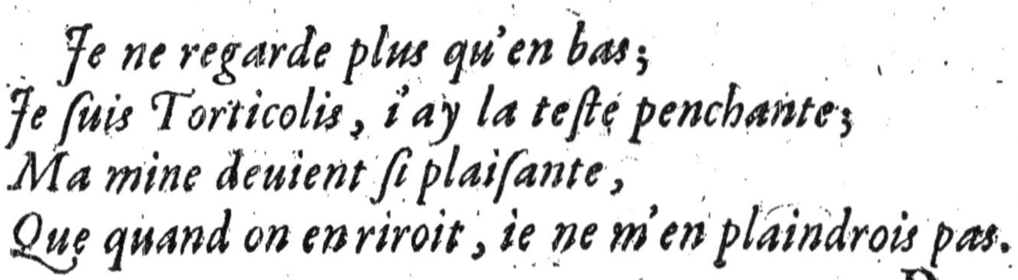

Je ne regarde plus qu'en bas;
Je suis Torticolis, i'ay la teste penchante;
Ma mine deuient si plaisante,
Que quand on en riroit, ie ne m'en plaindrois pas.

R

Vous-meſme me voyànt ainſi,
Encor que vous ayez pitié de mon martyre,
Vous ririez; & vous voyant rire,
Ie vous honore trop, pour n'en pas rire auſsi.

Mais ie vous ferois trop d'horreur,
En offrant à vos yeux mon étrange Figure;
Si vous la voyiez, ie m'aſſeure,
Que vous m'eſtimeriez un malade d'honneur.

On m'entend jour & nuit crier,
Comme ſi ie ſouffrois en mon corps l'Eſtrapade;
Enfin ie ſuis ſi bon malade,
Que i'ay peur qu'on me diſe, On ne vous peut payer.

STANCES

POVR MADAME ***

ON ne vous verra plus en posture de Pie
Dans le cercle acroupie,
Au grand plaisir de tous, & de vostre jarret ;
Vostre Cul, qui doit estre vn des beaux Culs de France,
Comme vn Cul d'importance,
A receu chez la Reyne enfin le Tabouret.

Comme on connoist souuent vne chose par l'autre,
D'vn Cul comme le vostre,
I'ay connû le destin, voyant vostre beau Nez ;
Et sans estre Deuin, i'ay predit que sans doute,
Ce Cul qui ne voit goute,
Seroit veu dans le rang de nos Culs Couronnez.

STANCES.

Nostre Reyne Princesse, aussi juste que sage,
N'a pû voir dauantage
Un Cul plein de merite, & tres-Homme de bien,
Tandis que d'autres Culs sont assis à leur aise
Au costé de sa Chaise,
Debout ou mal assis, comme vn Cul bon à rien.

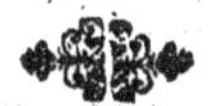

Ce Cul de satin blanc, dont sans doute la face
Ne fit iamais grimace,
Deuoit asseurément estre vn Cul Duc & Pair;
Car qu'auroit-on pensé de ce qu'vn Cul si sage,
Qui vaut bien vn Visage,
N'eut pas eu chez la Reyne où reposer sa chair.

Que les Hommes n'ont pas pareille Destinée!
Et que vous estes née
Sous vn Astre puissant & fauorable aux Culs!
Tandis que le vostre est, pres de ceux des Princesses,
Assis sur ces deux Fesses,
Le nostre n'est assis que sur deux os pointus.

FIN.

www.ingramcontent.com/pod-product-compliance
Lightning Source LLC
LaVergne TN
LVHW050538100826
845148LV00002B/604